DIE GESCHICHTE DES LEBENS

Erstaunliche Evolution!

Anne Rooney

DIE GESCHICHTE DES LEBENS

Erstaunliche Evolution!

ULLMANN

ISBN 978-1-78888-503-4

Autor: Anne Rooney
Beratung: Dr. Lauren Sumner-Rooney
Illustrationen: Nat Hues
Künstlerische Leitung: Maki Ryan und Rosie Bellwood
Layout: Sally Bond
Redaktion: Donna Gregory
Redaktionsleitung: Joe Harris

Übersetzung aus dem Englischen: Hanna Lemke

Lektorat: Dorit Aurich
Satz: Dirk Brauns
Projektleitung: Daniel Fischer
Wissenschaftliche Beratung: Dr. Julia Schultz, Dr. Rico Schellhorn
Coveradaption: Beate Lennartz

Gesamtherstellung: Ullmann Medien GmbH, Rheinbreitbach

ISBN 978-3-7415-2462-2

10 9 8 7 6 5 4 3 2

www.ullmannmedien.de

Inhalt

Einleitung

Unsere Erde wimmelt vor Leben – auf dem Land, im Wasser, in der Luft und sogar im Eis. Es gibt Millionen unterschiedlicher Arten von Pflanzen, Tieren, Pilzen und Mikroorganismen. Wie sind sie alle entstanden? Die Geschichte des Lebens auf der Erde ist die Geschichte der Evolution. Sie erklärt die Vielfalt der Natur damit, dass sich Organismen verändern und stetig entwickeln, um sich den Lebensräumen auf unserem Planeten anzupassen.

Warum und woher?

Die Vielfalt des Lebens fasziniert uns Menschen seit Tausenden von Jahren. Wie das Leben entstanden ist, haben wir uns früher mit Geschichten und Mythen erklärt, später mithilfe der Naturwissenschaften.

In der christlichen, jüdischen und islamischen Überlieferung hat Gott die Welt erschaffen und mit ihr Pflanzen und Tiere. Andere Kulturen erklären die Vielfalt des Lebens auf eigene Weise. Für das Volk der Ute in Colorado, USA bohrte der Große Geist Manitu ein Loch in den Himmel, er füllte Regen, Schnee, Erde und Steine hinein, um Berge und Täler zu erschaffen. Er ließ Pflanzen entstehen und schuf aus einem Ast Fische und Tiere, Blätter verwandelte er in Vögel. Als die Tiere miteinander zu kämpfen begannen, schuf Manitu den Grizzlybären, damit er die Ordnung bewahrte.

In Überlieferungen wie diesen verändern sich die Lebewesen nicht. Sie werden so erschaffen, wie sie heute sind. Andere Geschichten widmen sich den Besonderheiten von Tieren. Das Volk der San in Namibia erklärt die Streifen des Zebras und den nackten Po des Pavians so: Der Pavian ließ das Zebra an einer Wasserstelle nicht trinken. Sie kämpften miteinander. Das Zebra versetzte dem Pavian einen Tritt. Er landete auf dem Po und schürfte sich dabei das Fell ab. Auf dem Heimweg aber stolperte das Zebra über ein Feuer und die Glut brannte schwarze Streifen in sein weißes Fell.

Der wahre Grund

Paviane haben am Po von Natur aus ein Polster aus besonders fester Haut ohne Nerven. Es bildet ein natürliches Kissen. Paviane können damit bequem auf harten Felsen oder steinigem Untergrund sitzen. Warum Zebras Streifen haben, weiß niemand so genau.

Wissenschaft statt Mythos

Die Naturwissenschaft hat einen anderen Ansatz. Sie versucht die Welt logisch zu erklären. Theorien werden überprüft, um herauszufinden, ob sie wirklich stimmen. Eine der wichtigsten wissenschaftlichen Erklärungen ist die Evolution. Sie zeigt, wie und warum Lebewesen so sind, wie sie sind, ohne auf übernatürliche oder religiöse Ursachen zu verweisen.

Die Vielfalt des Lebens

Das gesamte Leben auf der Erde ist aus einfachen, winzigen Organismen (Lebewesen) entstanden, die vor Milliarden von Jahren aufgekommen sind. Seitdem hat uns die Evolution die beeindruckende Vielfalt verschafft, die wir heute um uns sehen – und sogar noch viel mehr, denn sehr viele Organismen haben früher einmal existiert und sind dann wieder verschwunden.

Eisbären haben sich vor 150 000 Jahren aus Braunbären entwickelt.

Pass dich an oder stirb!

Die Evolution ist ein Prozess der Anpassung. Organismen müssen sich stets nach den Bedingungen des Ortes richten, an dem sie leben. Sind sie nicht für ihre Umgebung geeignet, sterben sie aus. Die besten Überlebenschancen haben Lebewesen, die bei der Suche nach Nahrung, einem Zuhause oder Partner besonders erfolgreich sind.

Zieht ein Braunbär beispielsweise in eine Schneelandschaft, ist er dort deutlich zu erkennen. Ein Bär mit weißem Fell hingegen kann sich seiner Beute unauffällig nähern. Deswegen ist der weiße Bär bei der Jagd erfolgreicher. Wenn nun viele Braunbären in eine Schneelandschaft ziehen, haben hellere Tiere bessere Überlebenschancen als dunklere. Sie fangen mehr Beute und sind deswegen gesünder. Groß und gesund zu sein ist vorteilhaft für die Partnersuche. Die helleren Bären pflanzen sich miteinander fort und bekommen helle Junge. Irgendwann haben die erfolgreichsten Bären weißes Fell – aus Braunbären haben sich Eisbären entwickelt.

Veränderte Lebensbedingungen zwingen Organismen zur Anpassung. Beispielsweise kann sich das Klima ändern oder eine tödliche Krankheit aufkommen. Wenn Organismen nicht durch Anpassung auf solche Herausforderungen reagieren, ist die gesamte Art vom Aussterben bedroht.

Eltern und Kind

Alle Lebewesen erben Merkmale von ihren Eltern. Du hast vielleicht braune Augen oder lockiges Haar vererbt bekommen. Diese Merkmale sind als eine Art Code in deinem Körper gespeichert – man spricht von Genen. Sie sagen deinem Körper sehr genau, wie er wachsen und sich verhalten soll. Die Hälfte deiner Gene stammt von deinem biologischen Vater, die andere von deiner biologischen Mutter. Du bist also eine Mischung aus Merkmalen von beiden. Sorgt ein Merkmal dafür, dass ein Organismus besser an seine Umwelt angepasst ist, haben die Nachkommen mit diesem Merkmal eine größere Chance zu überleben und sich fortzupflanzen. Folglich wird das Merkmal in Zukunft häufiger auftreten.

Zeit für Veränderungen

Neue Merkmale entstehen, wenn bei der Weitergabe von Genen ein Fehler geschieht. Dies nennt man Mutation. Ein Gen gerät durcheinander und tut nicht ganz das, was es sonst tut. Einige Mutationen schaden dem Organismus, andere sind ganz unwichtig – du könntest mit violetten Augen ebenso gut sehen wie mit braunen. Gelegentlich stellt eine Mutation auch eine Verbesserung dar und wird an zukünftige Generationen weitergegeben. Es wird irgendwann immer häufiger und verändert die Gestalt des Organismus.

Das Leben beginnt

Anfangs war die Erde eine Feuerkugel. Sie entstand vor etwa 4,6 Milliarden Jahren aus einer Staub- und Gaswolke, die um die Sonne wirbelte.

Die Erdoberfläche wurde 300 000 Jahre lang durch Vulkanausbrüche und herabstürzende Meteoriten aus dem All immer wieder aufgebrochen und geschmolzen. Schließlich bildeten sich ein fester Gesteinsbrocken und Ozeane aus flüssigem Wasser. Auf diesem warmen und feuchten Planeten entstand vor vielleicht 4 Milliarden Jahren das Leben.

Niemand weiß genau, wo auf der Erde das Leben begann und ob es ein Mal, mehrere oder viele Male geschah. Es könnte in warmen Seen entstanden sein, in einer nebelig-heißen Felsenlandschaft oder in den Tiefen des Ozeans an Öffnungen, aus denen heißes, mineralhaltiges Wasser und Gase hervortraten.

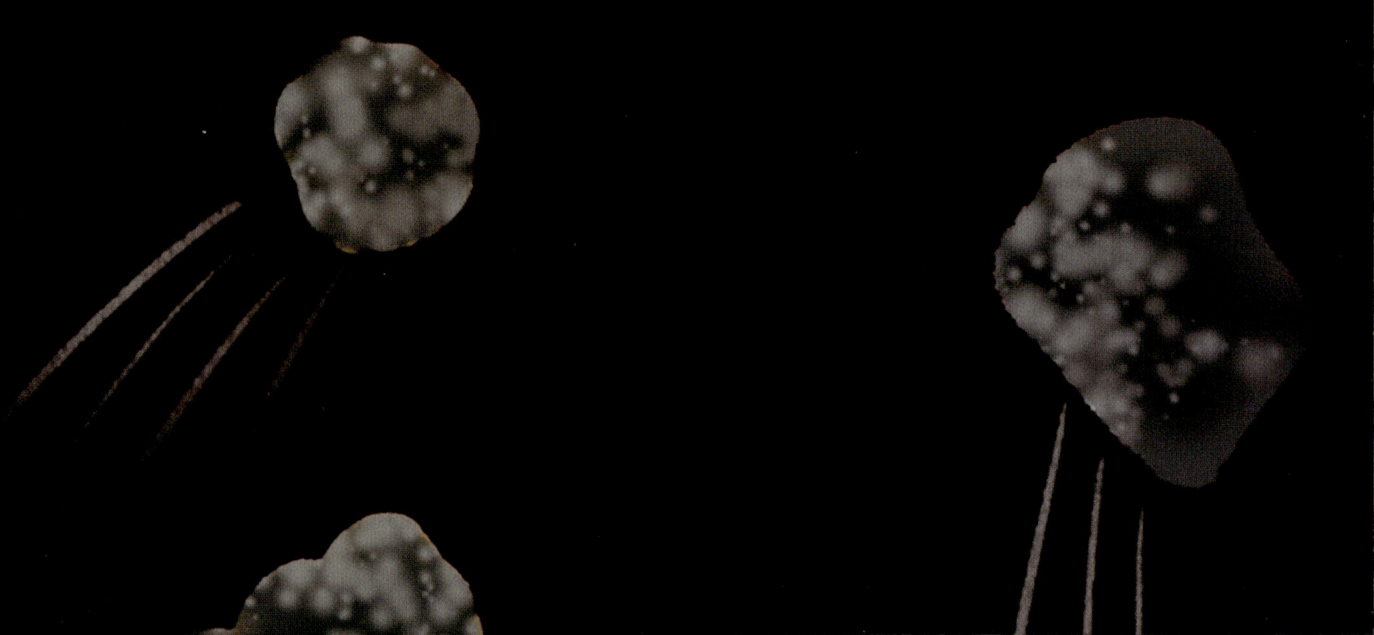

Ein Rezept fürs Leben

Wie aus Materie die ersten Lebewesen entstanden, ist eines der größten Rätsel der Wissenschaft. Einfache chemische Verbindungen verwandelten sich in komplexere Strukturen, die sich selbst kopierten.

Innen und außen

Die kleinsten Teilchen der Materie nennt man Atome und Moleküle (Gruppen von Atomen, die miteinander verbunden sind). Bestimmte chemische Verbindungen, die Fettsäuren, bestehen aus Molekülen, deren eines Ende vom Wasser angezogen wird, während das andere abgestoßen wird. Im Wasser klumpen diese Moleküle zusammen. Alle wasserabstoßenden Teile sammeln sich in der Mitte, die wasserannehmenden Teile an der Außenseite. Treffen diese kleinen Kugeln (Mizellen) aufeinander, können sie sich zusammenschließen und ein größeres Klümpchen (Vesikel) bilden. Dieses besteht aus zwei Molekülschichten, in ihrer Mitte ist Platz für Wasser und andere chemische Verbindungen, die von der restlichen Umwelt ferngehalten werden. Diese Vesikel waren die ersten Zellen: die grundlegenden Bausteine des Lebens. Alle Lebewesen haben mindestens eine Zelle, viele nur eine einzige.

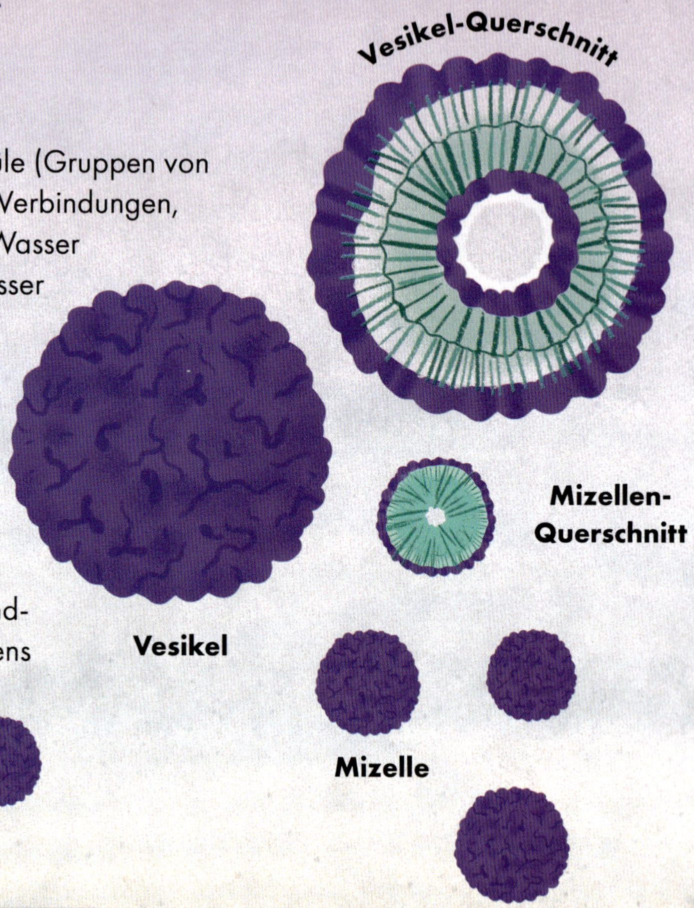

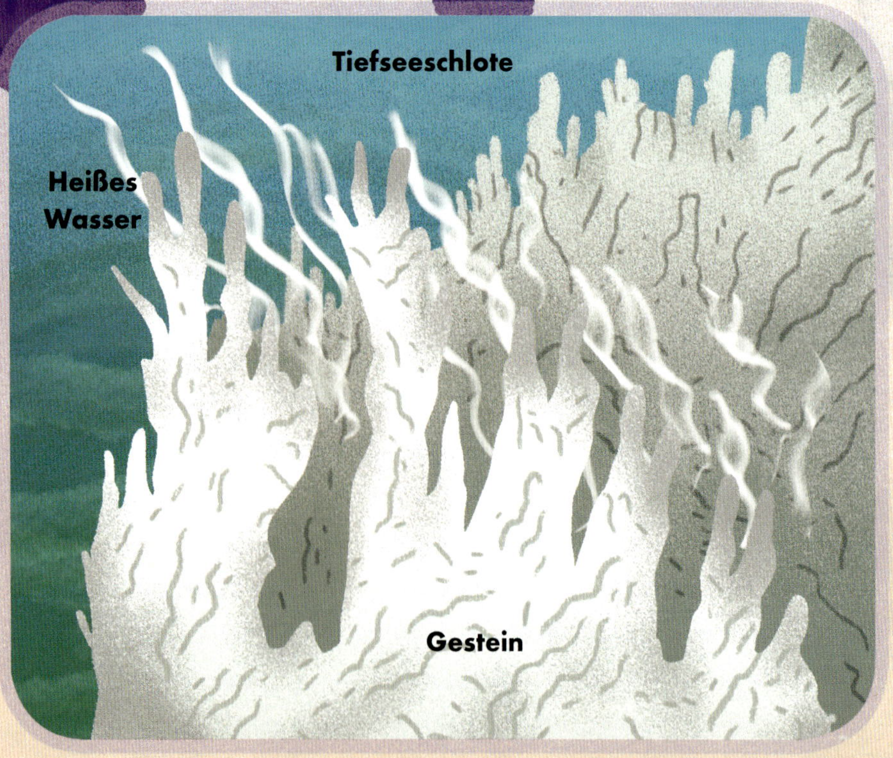

Milliarden Jahre Langeweile

Wie auch immer die ersten Lebensformen entstanden – sie führten ein tristes Dasein. Sie konnten sich von chemischen Verbindungen ernähren und sich vermehren, das war alles. Die ersten Organismen werden Archaeen (Urbakterien) genannt. Sie existieren heute immer noch und überall in unterschiedlichen Arten: im fast kochend heißen Wasser von Tiefseeschloten, im Schlamm stehender Gewässer oder auch im Darm von Kühen.

Urorganismen

Frühe Archaeen hinterließen chemische „Fußabdrücke“ auf dem ältesten Gestein der Erde. Daher wissen wir, dass das Leben vor mindestens 3,8 Milliarden Jahren entstand. Moderne Archaeen geben uns eine Vorstellung davon, wie ihre Urversion beschaffen war: Sie sind winzig, ein Zehntel so lang, wie ein menschliches Haar breit ist, viele leben in extremen Lebensräumen, etwa in sehr heißen Quellen. Sie wandeln chemische Verbindungen in das Gas Methan um. Die Lebensbedingungen in der Anfangszeit der Erde wären auch für moderne Archaeen prima gewesen.

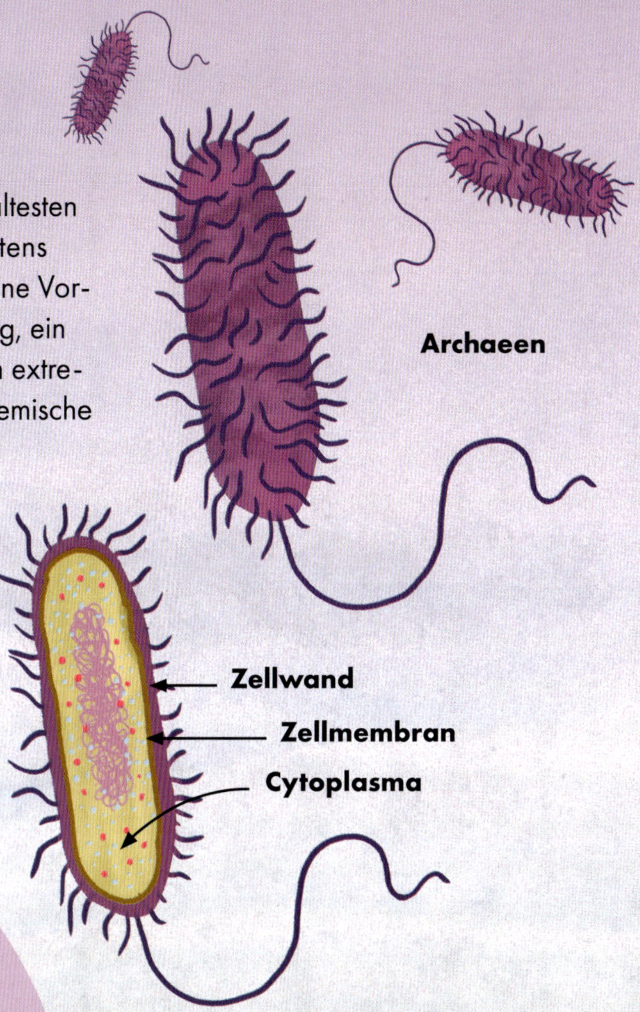

Archaeen haben eine Zellmembran, also eine dünne Schicht zwischen den chemischen Verbindungen im Inneren und Äußeren der Zelle. Sie haben auch eine Zellwand, die ihnen hilft, ihre Form zu behalten. Innen befindet sich eine Flüssigkeit, das Cytoplasma, in der sich alle chemischen Vorgänge abspielen.

Aktive Anpassung

Extremophile

Extremophile sind Organismen, die unter extrem lebensfeindlichen Bedingungen überleben können. Ebenso wie die ersten Organismen auf der Erde können sie enorme Hitze, mitunter auch hohe Minusgrade oder Strahlung aushalten. Winzige Bärtierchen, etwa 0,5 mm lang, wurden bereits auf Weltraummissionen mitgenommen, eingefroren und ausgetrocknet – all das haben sie überstanden. Der Pompejiwurm lebt im brühend heißen Schwefelwasser von Tiefseeschloten unter sehr hohem Druck.

Vergiftet ... durch Sauerstoff

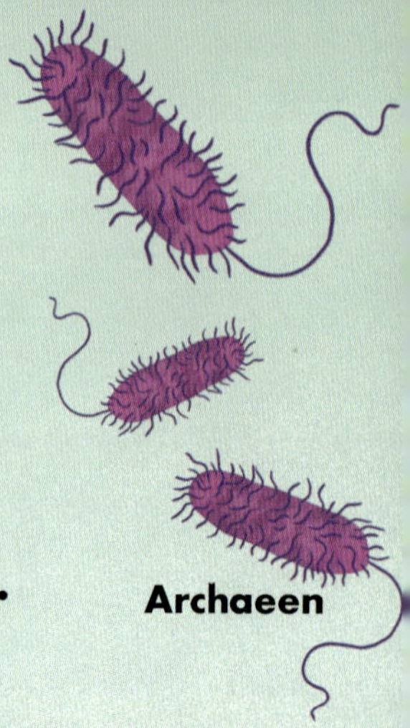

Archaeen waren die frühesten Mikroorganismen (Mikroben). Bakterien waren dann die Ersten, die Spuren in Form von Fossilien hinterließen. Eine wichtige Art sind Cyanobakterien. Sie entstanden vor mindestens 3,5 Milliarden Jahren und existieren noch heute. Diese einfachen Bakterien bilden zusammen eine Mikrobenmatte – einen Teppich aus lebenden Organismen. Die Cyanobakterien taten etwas, das bis dahin noch kein anderer Organismus getan hatte, und änderten so den Lauf der Evolution.

Nahrung aus Licht

Cyanobakterien nutzen die Energie des Sonnenlichts, um sich aus chemischen Verbindungen ihre Nahrung zu holen. Sie nehmen Kohlendioxid aus dem Wasser auf und stellen daraus eine Zuckerart her. Als Nebenprodukt entsteht dabei Sauerstoff. Dieser Prozess wird Photosynthese genannt, alle Grünpflanzen betreiben ihn. Auf diese Weise konnten die Cyanobakterien 16-mal mehr Energie produzieren als andere Bakterien. Für sie ein riesiger Erfolg – für alle anderen eine Katastrophe.

Wasser kann durch Mikroorganismen viele Farben annehmen.

Spuren der Evolution

Legte sich Sediment (Sand) über eine Matte aus Cyanobakterien, entstand allmählich eine feste Schicht. Die Cyanobakterien wuchsen auf der Oberfläche dieser Schicht weiter, bis sie wieder bedeckt war. Im Laufe der Zeit entstanden so unförmig geschichtete Gesteinskörper, Stromatolithen genannt. In manchen flachen Gewässern sind diese heute noch zu finden.

Zu viel ist zu viel!

Die Cyanobakterien produzierten dermaßen viel Sauerstoff, dass er sich im Meer nicht mehr auflösen konnte und in die Atmosphäre entwich. Das war der Anfang der sauerstoffreichen Atmosphäre, die wir heute haben und von der wir und die meisten anderen Organismen abhängig sind, um zu leben. Der Sauerstoff reagierte mit dem Methan in der Atmosphäre. Methan ist ein starkes Treibhausgas, das die Wärme rund um den Planeten einschließt. Es verschwand, die Wärme verflüchtigte sich ins Weltall und der Planet wurde kälter – viel kälter. Vor etwa 2,2 Milliarden Jahren war überall Winter. Die Erde glich einem riesigen Schneeball und war für mindestens 100 000 Jahre mit Eis bedeckt.

Pflanzen für alle

Auf der Erde sind heute fast alle Lebewesen von Pflanzen abhängig, denn viele Tiere fressen Pflanzen und Raubtiere fressen Pflanzenfresser. Alle Grünpflanzen betreiben Photosynthese und liefern damit Sauerstoff.

Wasser verfärbt sich durch sterbende Cyanobakterien rot.

Cyanobakterien

Für Mikroorganismen, die an einen warmen, sauerstoffarmen Planeten gewöhnt waren, war die Veränderung verheerend. Der Sauerstoff war für sie giftig, die Temperatur zu niedrig. Sie starben. Man spricht deswegen von der **Großen Sauerstoffkatastrophe**. Beweise dafür sind in 2,3 Milliarden altem Gestein zu finden, das rote Streifen (Eisenoxid) aufweist. Es gab so viel überschüssigen Sauerstoff, dass das Eisen im Gestein verrostete.

Massenaussterben

Die winzigen Cyanobakterien lösten die Große Sauerstoffkatastrophe aus und verursachten den Tod der meisten anderen Organismen. Ein solches sogenanntes Massenaussterben ereignete sich in der Erdgeschichte seitdem noch vier weitere Male: Die Ursachen waren Klimaänderungen, Naturkatastrophen wie Vulkanausbrüche oder der Einschlag eines großen Meteoriten.

Teamplayer

Als das Eis vor etwa 2 Milliarden Jahren wieder schmolz, füllten neue Organismen die Lücken der ausgestorbenen Organismen. Die neu entstandenen Organismen hatten zwar immer noch nur eine einzige Zelle, aber die war etwas ganz Besonderes.

Neue Zellen gegen alte

Die neuen Zellen hatten einen Kern, in dem sich das genetische Material sammelte. Gebildet wurden sie durch eine einfache Zellart, die andere Arten absorbierte (in sich aufnahm). Statt zu sterben, taten die absorbierten Zellen einfach weiterhin das, was sie vorher schon getan hatten – bloß im Inneren der anderen Zellen. Als sogenannte Organellen (kleine Organe) wurden sie Teil der größeren Zellen. Absorbierte Cyanobakterien stellten mithilfe von Sonnenlicht weiterhin Zucker her und eine andere Bakterienart kehrte diesen Prozess um und setzte Energie frei, indem sie den Zucker mithilfe von Sauerstoff zerlegte. In Pflanzen- und Tierzellen befinden sich heute immer noch alte prokaryotische Zellen.

Die neuen eukaryotischen Zellen waren die Vorfahren aller Pflanzen, Tiere und Pilze. Diese Veränderung war einer der wichtigsten Schritte in der gesamten Evolution.

PROKARYOTISCHE ZELLE

EUKARYOTISCHE ZELLE

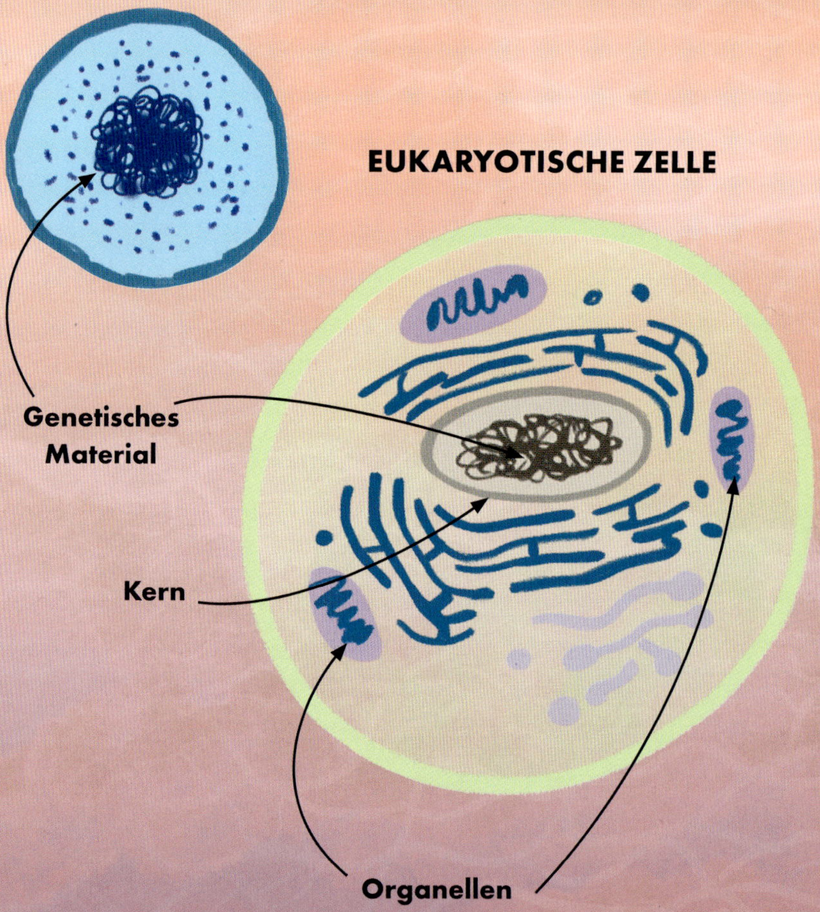

ENDOSYMBIOSE – EINE ZELLE ABSORBIERT EINE ANDERE

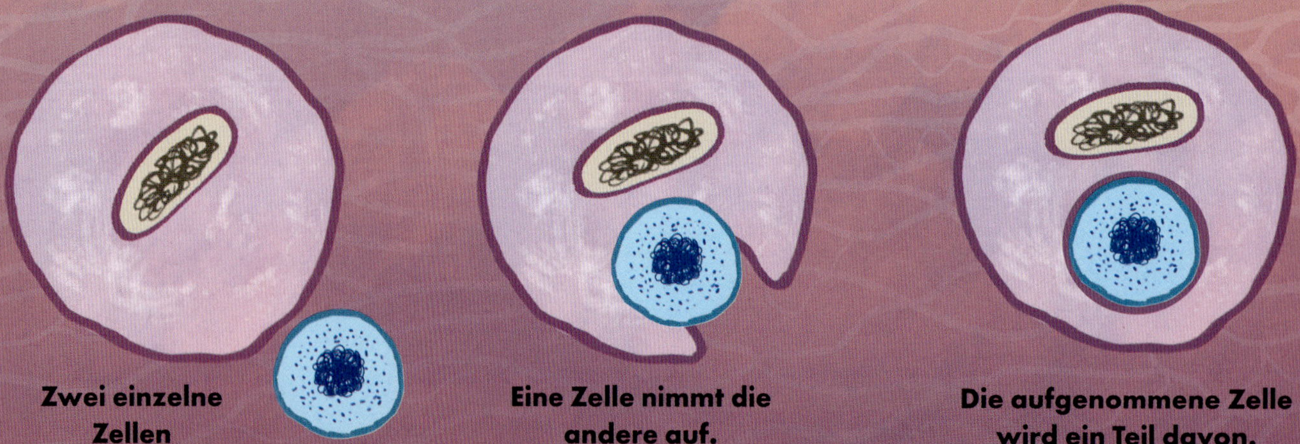

Zwei einzelne Zellen

Eine Zelle nimmt die andere auf.

Die aufgenommene Zelle wird ein Teil davon.

Der nächste Schritt

Eine Milliarde Jahre lang passierte wieder nicht viel. Dann, vor etwa 1200 Millionen Jahren, markiert *Bangiomorpha* einen Wendepunkt in der Geschichte des Lebens. Rein äußerlich könnte es sich um eine moderne Rotalge handeln, aber soweit wir wissen, war *Bangiomorpha* der erste mehrzellige Organismus. Bei einem mehrzelligen Organismus übernehmen verschiedene Zellarten unterschiedliche Aufgaben. Bestimmte Zellen können sich beispielsweise gut an einer Oberfläche festhalten, andere können gut Energie gewinnen oder Nahrung erzeugen.

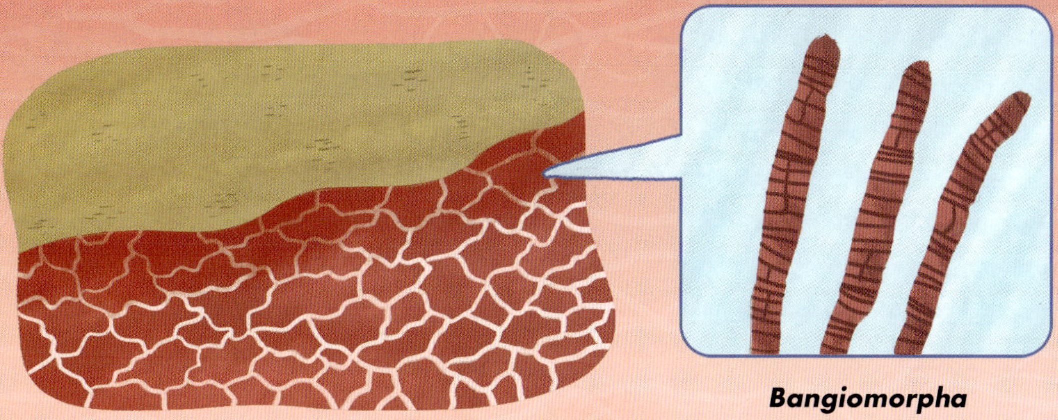

Bangiomorpha
(BAN-gio-MOR-fa)

Es gehören immer zwei dazu

Bangiomorpha brachte noch etwas Neues: Der Organismus hatte spezielle Zellen für die Fortpflanzung und vermehrte sich erstmals geschlechtlich. Organismen können sich entweder geschlechtlich fortpflanzen (mit zwei Elternteilen) oder ungeschlechtlich (mit nur einem Elternteil). Pflanzt sich ein Organismus geschlechtlich fort – so dass aus einem Samen eine Blume wächst, ein Pinguin aus einem Ei schlüpft oder ein Mensch geboren wird –, stammt sein genetisches Material (Erbgut) von seinen beiden Eltern. Bei der ungeschlechtlichen Fortpflanzung spaltet sich das Elternteil einfach auf, so dass eine exakte Kopie (ein Klon) entsteht. Die geschlechtliche Fortpflanzung hat eine Vielfalt unter den Nachkommen zur Folge und bringt die Möglichkeit mit sich, dass sich Organismen über Generationen hinweg verändern – sich also entwickeln.

Feuerwalze – eine Kolonie aus vielen winzigen Meeresorganismen, die wie ein großer Organismus zusammenarbeiten.

Leben heute

Flechten

Es gibt heute noch einfache Organismen, die eine Gemeinschaft bilden, ohne tatsächlich ein einziger großer Organismus zu sein. Durch sie bekommen wir einen Einblick, wie einzellige Organismen miteinander kooperieren. Bei Flechten handelt es sich um Kolonien von einfachen Organismen, wie Cyanobakterien oder Algen, die mit Filamenten (dünnen Fäden) von Pilzen zusammenleben.

Flechte

Geniale Gene

Vererbbare Merkmale werden über die Gene von den Eltern ans Kind weitergegeben. Gene sind Abschnitte einer langen, fadenförmigen Molekülstruktur, der DNA. Jeder DNA-Strang wird als Chromosom bezeichnet. Zusammengenommen liefern alle Gene die vollständige Beschreibung eines Organismus.

Du bist, was du tust

Deine Gene sind wie ein Computerprogramm für deinen Körper. Sie steuern, wie du wächst und aussiehst und sie legen Merkmale wie etwa die Form deiner Augen fest. Sie beinhalten auch Anweisungen für die chemischen Prozesse, die beispielsweise bei der Atmung oder Verdauung eine Rolle spielen. Menschen haben 23 Chromosomenpaare, jedes Paar ist in Hunderte Gene unterteilt. Jedes Gen sagt deinem Körper, wie er ein bestimmtes Molekül herstellt, das Protein genannt wird. Welche Proteine wann und wo in deinem Körper produziert werden, bestimmt darüber, wie du wächst und was dein Körper tut. Im Kern von nahezu jeder Zelle deines Körpers befindet sich eine Kopie all deiner Gene.

Du bist (fast) ein Salat

Vielleicht hast du schon mal gehört, dass deine DNA zu 50 Prozent dieselbe ist wie bei einem Salat. Denn alle Organismen führen bestimmte grundlegende Prozesse auf dieselbe Weise aus. Deine Zellen teilen sich auf dieselbe Weise wie Zellen eines Salats. Und deine Knochen wachsen auf dieselbe Weise wie Knochen eines Zebras. Manche Anweisungen gleichen sich bei allen Organismen, also sind manche Gene bei allen Organismen gleich.

Mitose: Alles gleich

In allen Organismen teilen sich Zellen, damit weitere Zellen entstehen – beispielsweise, wenn der Organismus wächst, beschädigte oder ausgediente Zellen ersetzt werden müssen oder wenn er sich ungeschlechtlich fortpflanzt. Zuerst kopieren die Chromosomen sich selbst, dann trennen sich die beiden Sets voneinander und der Kern spaltet sich. Die Zelle kopiert all ihre anderen Inhalte und teilt sich anschließend in zwei identische Zellen auf.

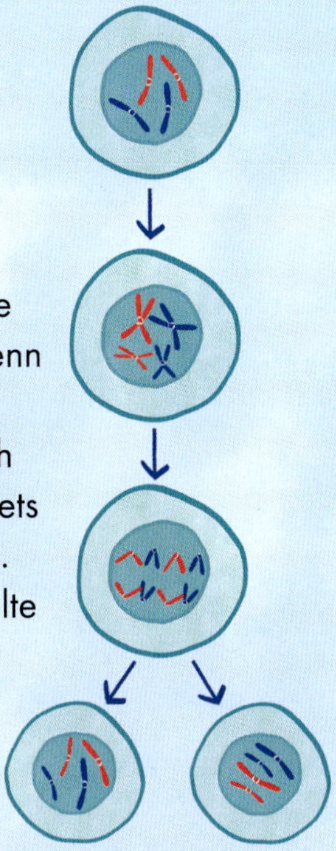

MITOSE

Meiose: Alles durcheinander

Pflanzt sich ein Organismus geschlechtlich fort, stellt er Zellkopien mit der halben Chromosomenzahl her und vermischt einige der Kopien miteinander, wodurch neue Varianten entstehen.

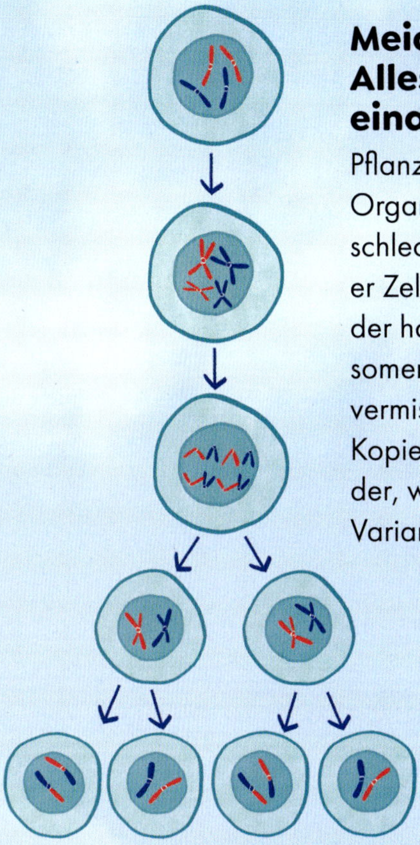

MEIOSE

Ups!

Manchmal geht beim Kopiervorgang etwas schief und eine Mutation (Veränderung) entsteht. Wenn der Organismus das überlebt, kann er die Mutation an die folgenden Generationen weitergeben. Für Arten, die sich ungeschlechtlich fortpflanzen, stellt Mutation die einzige Möglichkeit zur Veränderung dar.

Die meisten Birkenspanner sind hell, aber durch Mutation ist auch eine dunkle Variante entstanden.

Welches Gen gewinnt?

Viele Gene haben Varianten, Allele genannt. Ein Allel kann beispielsweise gelbe oder rote Blütenblätter erzeugen. Was passiert, wenn ein Organismus ein Allel für Rot und eins für Gelb erbt? Manchmal ergibt sich daraus eine Mischung und es entstehen vielleicht gestreifte Blütenblätter. Oftmals gewinnt ein Gen. Dies wird das dominante Allel genannt. Ist Gelb dominant, wird die Pflanze immer gelbe Blütenblätter haben, es sei denn, sie hat zwei Allele für Rot.

Schneebälle und Schwämme

Auch bei den mehrzelligen Organismen ging der Fortschritt nur langsam vonstatten. Es dauerte über eine halbe Milliarde Jahre, bis etwas derart Komplexes wie ein Schwamm entstanden war. Das war in der Zeit vor 1200 bis 600 Millionen Jahren.

Einfache Anfänge

Schwämme sind sehr einfache Organismen, die in Meeren überall auf der Welt leben. Vier verschiedene Zellarten helfen dem Schwamm, sich an felsigem Untergrund festzuhalten, seine Form zu bewahren, Wasser durch die Löcher seines Körpers strömen zu lassen, winzige Nahrungspartikel herauszufiltern und zu verdauen sowie sich fortzupflanzen. Der älteste bekannte Schwamm lebte vor 600 bis 500 Millionen Jahren.

Das älteste Schwammfossil misst weniger als 1 mm.

Schneeball Erde

Nach der Großen Sauerstoffkatastrophe hatte sich die Erde schon einmal in einen riesigen kalten Schneeball verwandelt und vor etwa 715 bis 635 Millionen Jahren geschah das wieder. Nur unter der Eisschicht war ein Überleben möglich, viele Arten starben aus.

Als sich die Erde wieder erwärmte, breiteten sich die überlebenden Organismen aus und veränderten sich. Sie nahmen unterschiedliche Formen an, größere und komplexere Organismen entstanden. Das gesamte Leben spielte sich immer noch im Meer ab, aber es gab bedeutende neue Entwicklungen: Pflanzen und Tiere wurden deutlicher voneinander unterscheidbar. Die Tiere unterteilten sich in zwei Hauptgruppen, aus denen die Gliederfüßer (darunter Insekten, Spinnen, Krebse und Skorpione) und die Wirbeltiere (Tiere mit Wirbelsäule) hervorgingen.

Pflanze oder Tier?

Bei einigen der damaligen Organismen ist es schwer zu sagen, ob sie Pflanzen oder Tiere waren. *Charnia* hatte einen Ring, um sich im Meeresboden zu verankern, der obere Teil bewegte sich in der Strömung. Es könnte sich um eine Kolonie von winzigen Organismen gehandelt haben, die zusammenlebten. Stamm und Ankerteil moderner Seefedern bestehen aus einem Organismus, während die Wedel von zahlreichen anderen, winzigen Organismen gebildet werden. Vielleicht war *Charnia* ähnlich.

Dickinsonia (vor 565–540 Millionen Jahren) war das erste Tier. Es wurde bis zu 1 m lang und hatte eine geriffelte Oberfläche. Niemand weiß, an welchem Ende der Kopf saß oder ob es überhaupt einen Kopf hatte.

Symmetrische Organismen

Die Organismen waren zunächst bilateral symmetrisch – ihre beiden Hälften spiegelten einander genau. Du und die meisten Tiere entsprechen dieser Art von Symmetrie. Manche Organismen sind aber auch radialsymmetrisch – sie sehen aus, als wäre ein einzelner Abschnitt kopiert und im Kreis rund um einen zentralen Punkt angeordnet, meist fünf Mal oder mehr. Seesterne und Seeigel sind radialsymmetrisch.

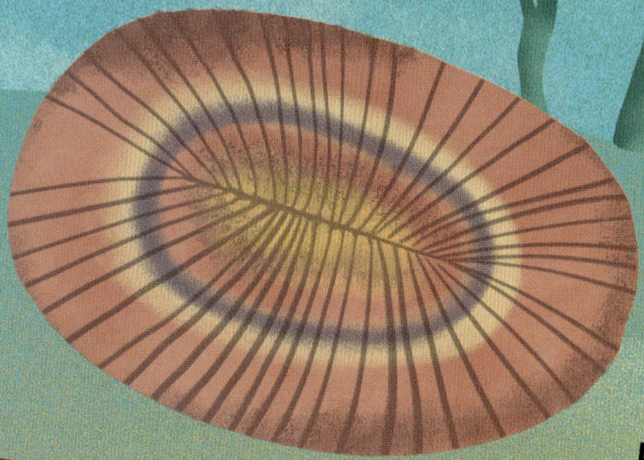

Puzzleteil der Evolution

Tribrachidium

Tribrachidium war echt ungewöhnlich. Es war eines der wenigen bekannten Lebewesen mit einer dreistrahligen Symmetrie: Es war radialsymmetrisch und ein Teil wiederholte sich drei Mal. Niemand weiß, was für eine Art von Organismus es war, oder ob Fossilien, die man von ihm fand, einfach nur ein Teil eines größeren Lebewesens waren.

Der Baum des Lebens

Es gibt Millionen unterschiedlicher Arten von lebendigen und ausgestorbenen Organismen. Die Wissenschaft musste einen Weg finden, sie zu sortieren. Die sogenannte Systematik ordnet Organismen nicht nur einzelnen Gruppen zu. Sie versucht auch, ihren evolutionären Weg nachzuzeichnen und anhand eines gigantischen Stammbaums zu zeigen, wie sie miteinander verwandt sind.

Von oben nach unten

Archaeen und Bakterien waren die allerersten Lebewesen. Ihnen folgten die Eukaryoten. Es gibt also drei Gruppen von Mikroorganismen. Die oberste Ebene in der Systematik wird Domäne genannt. Alle anderen Lebewesen haben sich aus diesen drei Domänen entwickelt.

- **LEBEN**
  - **DOMÄNE Bakterien**
  - **DOMÄNE Eukaryoten**
    - **REICH Tiere**
      - **STAMM Chordatiere**
        - **UNTERSTAMM Wirbeltiere**
          - **KLASSE Säugetiere**
            - **UNTERKLASSE Höhere Säugetiere**
              - **ORDNUNG Wale** – **FAMILIE Delfine** – **GATTUNG *Tursiops*** – **ART Großer Tümmler**
    - **REICH Pflanzen**
    - **REICH Pilze**
    - **REICH Protisten**
  - **DOMÄNE Archaeen**

Das Reich der Tiere und Pflanzen

Die meisten komplexen Organismen – alle Pflanzen, Tiere und Pilze – zählen zur Domäne der Eukaryoten. „Tiere" und „Pflanzen" sind einzelne Reiche innerhalb dieser Domäne. Sie bilden die nächste Ebene in der Systematik. Das Reich der Tiere unterteilt sich immer weiter in immer speziellere Kategorien.

Erst die unterste Ebene benennt eine einzelne Tierart. „Tiere" sind also Insekten und Würmer ebenso wie Tiere mit Wirbelsäule. Zu den „Wirbeltieren" zählen auch Fische, Krokodile und Vögel. „Säugetiere" umfasst so unterschiedliche Tiere wie Giraffen, Mäuse und Bären. Zur Ordnung der „Wale" gehören auch Delfine.

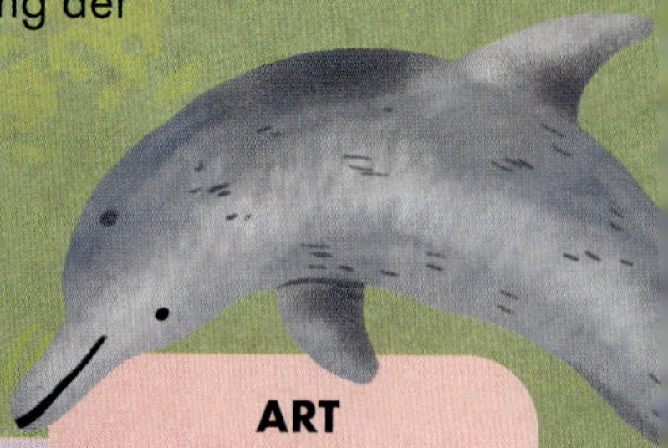

Allerlei Mammuts

Die Tatsache, dass sich ein Organismus aus einem anderen entwickelt, heißt nicht, dass es den ursprünglichen Organismus nicht mehr gibt. Vor etwa 6000 Jahren löste sich die Wrangel-Insel vom Festland in Sibirien. Auf der Insel lebte eine Gruppe von 500 bis 1000 Wollhaarmammuts. Sie entwickelten sich getrennt von den Mammuts auf dem Festland und bekamen glatteres, helles Fell. Zunächst lebten auch auf dem Festland noch Mammuts, sie starben aber lange vor den Inselmammuts aus.

Gemeinsame Vorfahren

Die Vielfalt der modernen Lebewesen hat sich aus einer kleinen Anzahl an Vorfahren entwickelt. Die Wissenschaft versucht, die Evolution rückwärts zu erforschen, um gemeinsame Vorfahren zu finden, das heißt Organismen, von denen mehrere unterschiedliche Arten abstammen. Baumdiagramme veranschaulichen die Verwandtschaftsverhältnisse. Der Punkt, an dem sich zwei Linien trennen (oder der Baum eine Astgabelung hat), zeigt auf, wo sich zwei Organismen mit gemeinsamen Vorfahren in unterschiedliche Richtungen entwickelt haben. Hunde und Mackenzie-Wölfe hatten einen gemeinsamen Vorfahren, von dem sie beide abstammen. Dieser gemeinsame Vorfahr hatte auch mit den Himalaya-Wölfen einen gemeinsamen Vorfahr; der wiederum hatte einen gemeinsamen Vorfahr mit den Kojoten.

Das Leben explodiert

Sobald es größere Organismen gab, explodierte die Evolution regelrecht. Vor 540 Millionen Jahren kamen in rascher Folge viele verschiedene Körperformen auf. Man spricht auch von der kambrischen Explosion. Damals entstanden komplexe Pflanzen und Tiere, die deutlich als Pflanze oder Tier unterscheidbar waren.

Burgess-Schiefer

An dem Berg Burgess in Kanada entdeckten Charles und Helena Walcott 1909 eine riesige Ansammlung von Fossilien. Ein Blick in die ferne Vergangenheit wurde möglich, denn der Burgess-Schiefer enthält Tausende von versteinerten Lebewesen. Die Fossilien sind ungewöhnlich, weil sie von Organismen mit weichen Körpern stammen. Normalerweise bleiben nur harte Teile wie Knochen oder Zähne versteinert erhalten.

Trilobiten (TRI-lo-BI-ten) erschienen vor rund 540 Millionen Jahren. Ihre Körper waren in Segmente gegliedert und sie hatten bewegliche Beine.

Uralt

Forscher, die sich der fernen Vergangenheit der Erde widmen, unterscheiden verschiedene geologische Zeitalter. Die Zeit bis zur kambrischen Explosion nennt sich Proterozoikum und endete vor 541 Millionen Jahren. Seitdem befinden wir uns im Phanerozoikum.

Anomalocaris (A-no-MA-lo-KA-riss) war ein Topräuber – niemand machte auf den frühen Gliederfüßer Jagd. Er wurde bis zu 1 m lang, bewegte sich wahrscheinlich mithilfe seiner Körpersegmente durchs Meer und erbeutete mit seinen stacheligen Mundwerkzeugen kleinere, weichere Lebewesen.

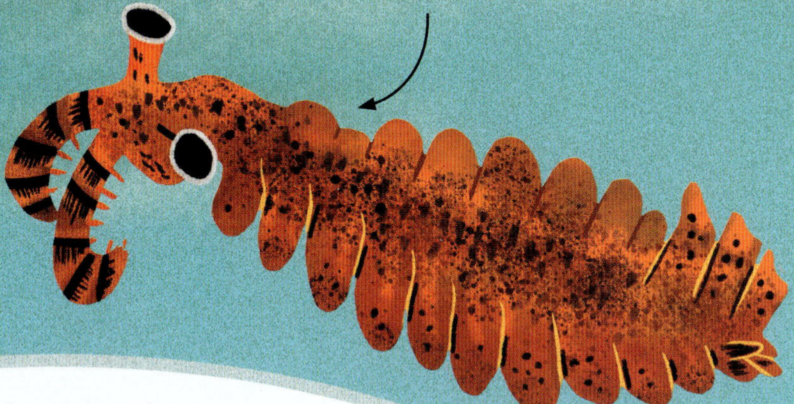

Wiwaxia (wi-WA-xia) war wahrscheinlich verwandt mit späteren Weichtieren wie der Napfschnecke und lebte am Meeresboden. Mit nach hinten gerichteten konischen Zähnen an der Unterseite schabte das Tier Algen von den Steinen.

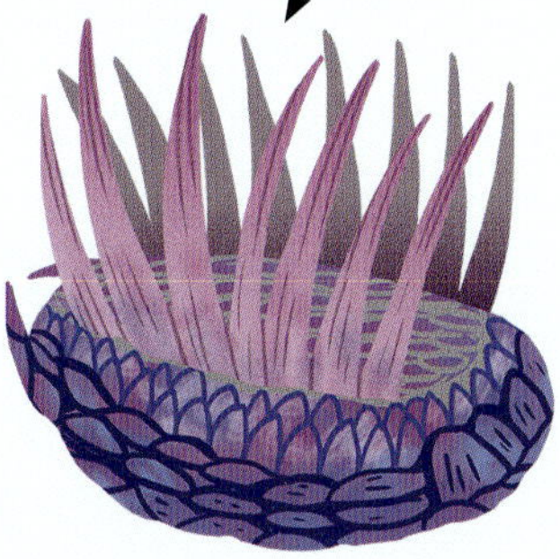

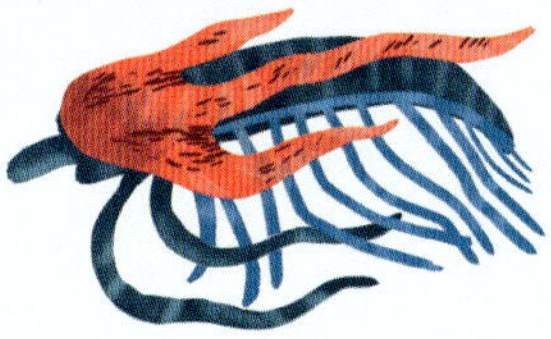

Marrella (ma-REL-la) sah wie ein Krebs aus und war eventuell ebenfalls eine frühe Art der Gliederfüßer. Zwei Paar lange Stacheln streckten sich vom Kopf nach hinten. Zu den 20 Körpersegmenten gehörte jeweils ein Paar Beine.

Der frühe Gliederfüßer ***Opabinia*** (opa-bi-NI-a) war sehr sonderbar: Er hatte fünf Augen und ein langes Greiforgan mit Stacheln, die wie Zähne aussahen. Damit griff er nach Nahrung und führte sie zum Mund.

Ein weiteres Tier, das vermutlich zu den frühen Gliederfüßern zählte, war ***Aysheaia*** (eische-A-ja). Mit seinen vielen kurzen Beinen ähnelte es einer Raupe, um sein furchterregendes Maul herum waren Stachel angeordnet.

Hallucigenia (hallu-zi-GEH-nia) lief mit 7 oder 8 fleischigen scherenartigen Gliederpaaren über den Meeresboden. An einem Ende hatte es einen rundlichen Kopf und auf dem Rücken zwei Reihen Stacheln.

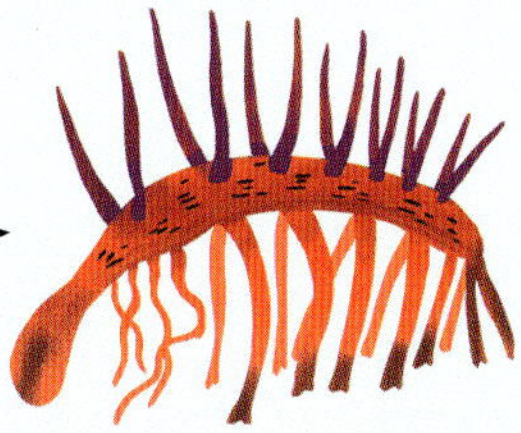

Augen auf

In den ersten 3,5 Milliarden Jahren des Lebens auf der Erde konnte kein einziges Lebewesen scharf sehen. Erst mit der Evolution der Augen vor etwa 540 Millionen Jahren waren Tiere in der Lage zu erkennen, was um sie herum vorging. Prädatoren (Räuber) konnten ihre Beute erspähen und Beutetiere ihrerseits die Prädatoren, die Jagd auf sie machten, um sie zu fressen. Für viele Tiere sind Augen sehr nützlich. Augen haben sich auf vielerlei Weise entwickelt.

Hell und dunkel

Schon einfache Lebewesen haben oftmals die Fähigkeit, hell und dunkel zu unterscheiden. Pflanzen etwa brauchen Licht und richten ihr Wachstum daher zur Sonne aus. Aber wir würden deswegen nicht behaupten, dass Pflanzen sehen können. Viele Bakterien bewegen sich ebenfalls zum Licht. Sie haben einen einfachen, lichtempfindlichen „Augenfleck" (Pigmentfleck).

Manche Tiere, wie Seesterne und Würmer, besitzen eine sehr einfache Art von „Augen" in Form von lichtempfindlichen Sehzellen. Damit ist ein Tier bereits in der Lage, Dunkelheit aufzusuchen, um sich vor Feinden zu verstecken oder unter der heißen Sonne nicht auszutrocknen – oder auch sich in einen hellen Bereich zu begeben, um dort Nahrung zu suchen.

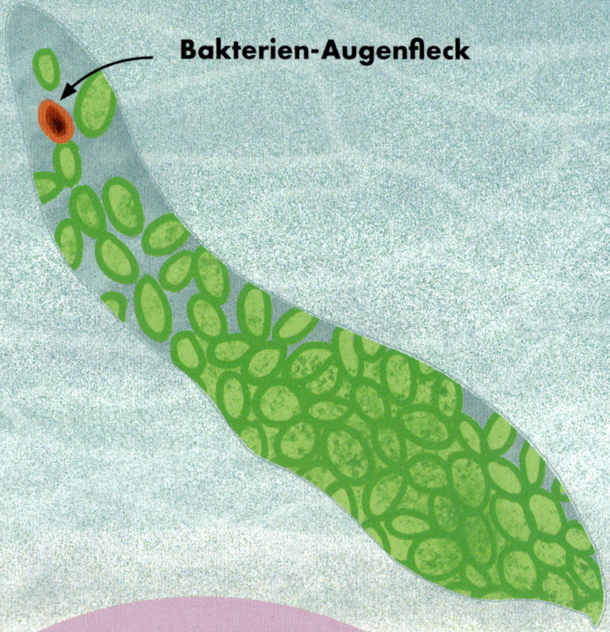

Bakterien-Augenfleck

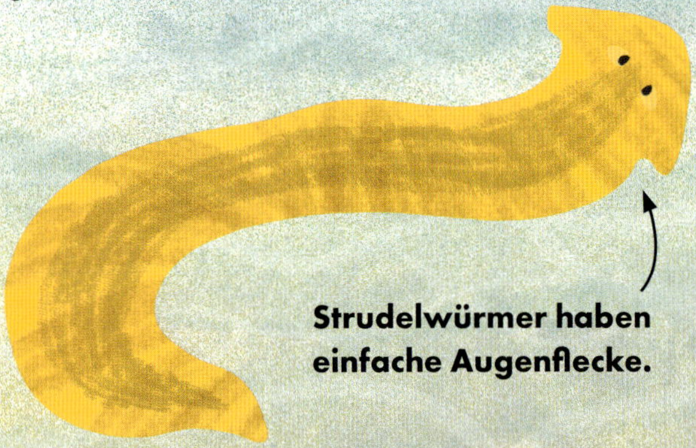

Strudelwürmer haben einfache Augenflecke.

Was nichts nützt, kann weg

Viele Tiere, deren Fossilien im Burgess-Schiefer gefunden wurden, hatten bereits Augen. Pflanzen haben keine Augen. Diese auszubilden wäre für Pflanzen nicht sinnvoll, da sie die entsprechenden Informationen gar nicht für sich nutzen könnten. Sie können ja zum Beispiel nicht vor einem Feind weglaufen. Nur im Dunkeln lebende Tiere gewinnen durch Augen ebenfalls nichts hinzu und verlieren sie im Laufe der Evolution deswegen oft wieder. Dafür verfeinern sie andere Sinne. Augen sind kompliziert aufgebaute, anfällige Organe. Jedes im Dunkeln lebende Tier, das mit nur kleinen oder ohne Augen geboren wird, hat einen Vorteil: Es muss ein Organ weniger ausbilden. Auch wenn sich ihre Umwelt verändert, verlieren Organismen auf die Dauer unnütz gewordene Körperteile.

Seesterne haben Augenflecke am Ende jedes Arms.

EVOLUTION DER AUGEN

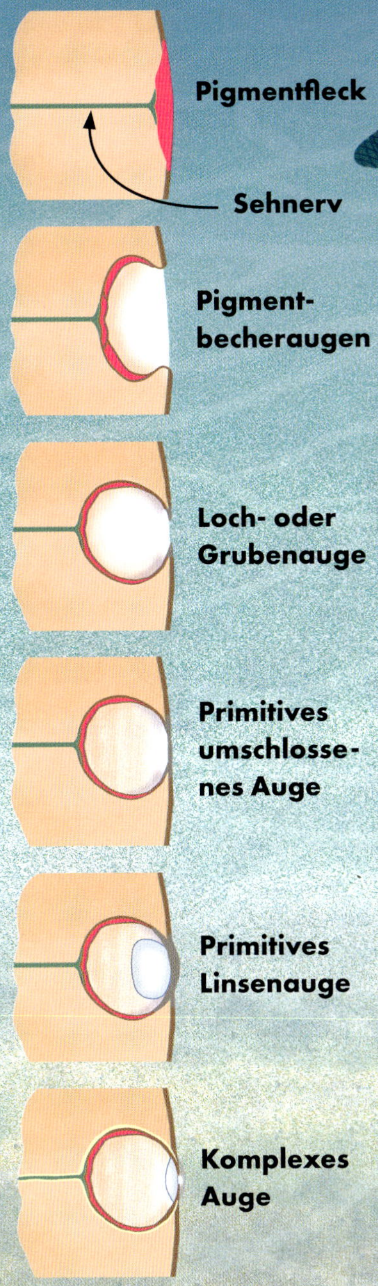

Starker Lichteinfall

Während der kambrischen Explosion entstanden auch komplexere Augen. *Anomalocaris* hatte Augen mit vielen winzigen Linsen – bis zu 16 000 pro Auge. Dieser Augentyp wird Facettenauge genannt, Insekten haben sie noch heute. Trilobiten hatten halbmondförmige Facettenaugen. Heutige Libellen haben Facettenaugen mit jeweils 28 000 Linsen.

Facettenauge einer Libelle

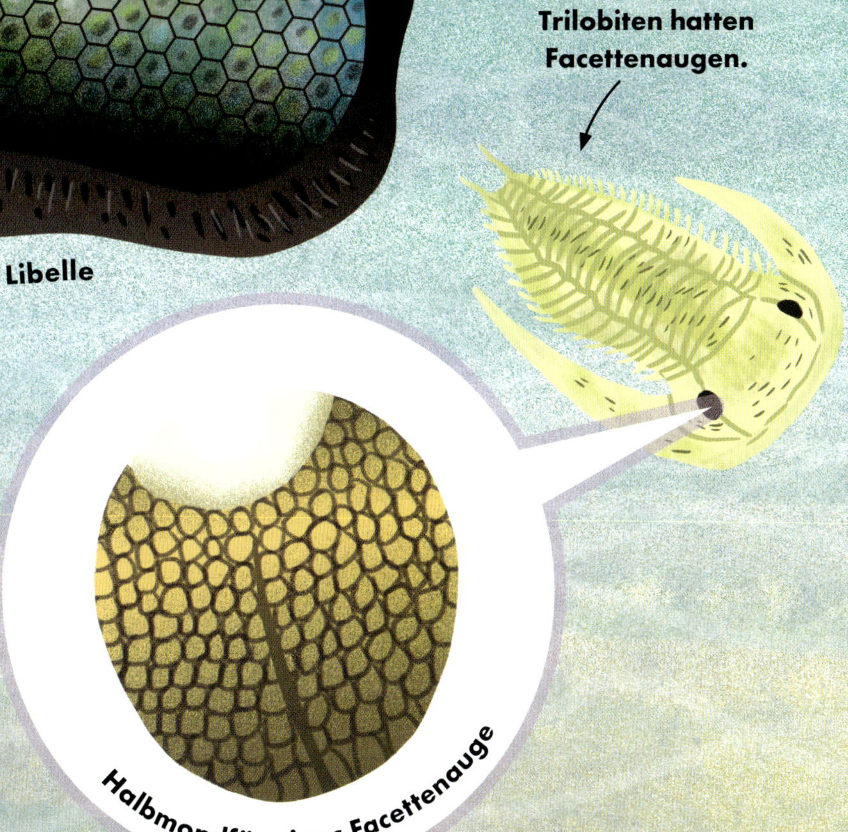

Halbmondförmiges Facettenauge

Was hast du für große Augen!

Unsere Augen und die vieler anderer Tiere haben eine Linse. Sie verändert ihre Form, um das Licht an der Rückseite des Auges zu bündeln, wo ein Nerv die Information an das Gehirn weiterleitet. Das Gehirn bildet ein komplexes Bild aus dem Licht, welches das Auge erreicht – es konstruiert, was wir sehen.

Die Entwicklung der Augen dürfte die Evolution vorangetrieben haben. Tiere, die sehen und gesehen werden, hatten neue Möglichkeiten, beispielsweise die Flucht vor Prädatoren, aber auch eine gute Partnerwahl.

An Land

Etwa 3,5 Milliarden Jahre lang spielte sich das Leben im Meer ab. Vor rund 450 Millionen Jahren begannen dann die ersten Lebewesen, die Felsen an den Ufern zu erforschen.

Die ersten Kundschafter waren Gliederfüßer, also Lebewesen mit einem gegliederten Körper und einer harten Hülle, wie Skorpione und Hundertfüßer. Ihnen folgten die Pflanzen. Zuerst bedeckten nur Algen, Flechten und Mikrobenmatten die ufernahen Felsen. Trockneten sie aus, wurde das tote Material von Mikroorganismen zersetzt und zusammen mit den Überresten der Gliederfüßer entstanden die ersten Bodenstücke, auf denen Pflanzen Wurzeln schlagen konnten. Frühe Moose wuchsen an feuchten und schattigen Standorten.

Wie die Pflanzen wuchsen und verbreiteten sich auch die Tiere. Zu den Gliederfüßern gesellten sich sonderbare, ziemlich nasse Wesen: Fischähnliche Arten krochen durch den Schlamm und aus dem Meer an Land. Innerhalb von 200 Millionen Jahren wuchsen Wälder aus riesigen Bäumen in den Himmel. Bevölkert wurden sie von nilpferdgroßen Reptilien und vogelgroßen Insekten.

Prototaxites (pro-to-TA-xi-tes)
waren riesige Pilze mit Stacheln
und frühe Siedler an Land.
Baragwanathia (BA-rag-WA-na-tsia)
wuchs zunächst am Boden und bildete dann
kurze, aufrechte Stängel, die komplett mit
kleinen, grünen Blättern bedeckt waren.
Die primitive
Cooksonia
(kuk-SO-nia) hatte
lange Stiele, an
deren Spitzen
sich Fruchtköper
befanden.

Die Mutter aller Insekten

Heute schenken wir Gliederfüßern oft wenig Beachtung, aber vor 500 bis 400 Millionen Jahren regierten sie die Welt. Zu ihnen zählen alle Lebewesen mit einem gegliederten Körper und einem harten Außenskelett. Die heutigen Vertreter sind Spinnen, Skorpione, Krebse, Tausendfüßer und alle Insekten. Sie machen über 75 Prozent aller Tierarten aus.

Würmer und Beine

Die ersten Gliederfüßer entwickelten sich vor 530 Millionen Jahren aus Ringelwürmern, deren Körper in Segmente unterteilt waren. Vom Wurmkörper führt ein ziemlich kurzer Entwicklungsweg zu einer komplizierteren Anordnung der Segmente. Ein weicher Wurm ist leicht verwundbar; sich eine harte Hülle zuzulegen, stellte also einen evolutionären Vorteil dar. Aber mit einem harten Äußeren brauchten die Tiere flexible Gelenke, um sich bewegen zu können. Bei den frühen Gliederfüßern (und den heutigen Hundert- und Tausendfüßern) wiederholt sich zwischen dem vorderen und hinteren Ende ein Körpersegment viele Male. Kompliziertere Gliederfüßer haben andere, spezialisierte Körpersegmente entwickelt.

Kootenayscolex (ko-O-ten-ei-SKO-legs), ein früher Ringelwurm

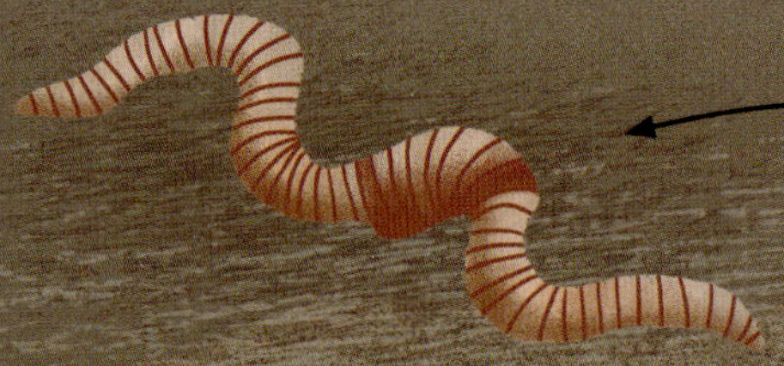

Regenwurm, ein moderner Ringelwurm

Trilobiten beherrschen die Meere

Unter den frühen Gliederfüßern waren die Trilobiten am erfolgreichsten. Sie schwammen durch alle Weltmeere. Es gab mindestens 4000 Arten, von 6 mm bis 60 cm groß. Sie hatten einen Kopfbereich, einen Körper mit Beinen und ein Schwanzende und waren bilateral symmetrisch (linke Körperhälfte ist spiegelbildlich zur rechten). Sie besaßen eine Ober- und Unterseite sowie Augen – waren also voll ausgestattet mit den neuesten und besten Merkmalen, die ein Tier vor 500 Millionen Jahren haben konnte. Trotzdem starben alle Trilobiten vor 252 Millionen Jahren aus.

Rankenfußkrebs, ein frühes wie modernes Krebstier

Trilobit, ein früher Gliederfüßer

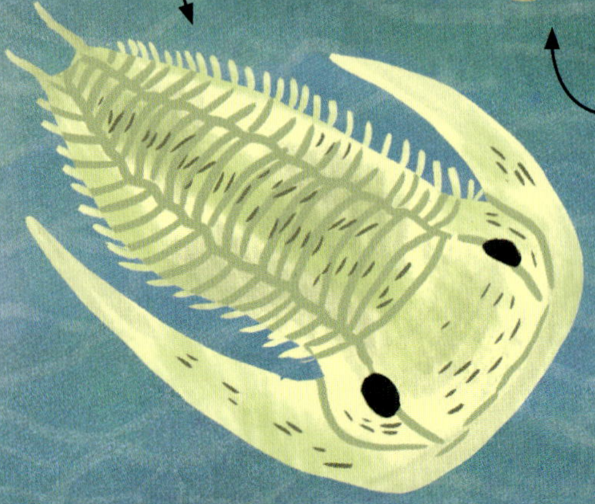

Biene, ein modernes Insekt

Meganeura (ME-ga-NEU-ra), ein frühes Insekt

Das große Krabbeln

Verschiedene Arten von Skorpionen und Myriapoden (Hundert- und Tausendfüßer) waren die ersten Tiere, die aus dem Wasser heraus und an Land gingen. Spuren in 443 Millionen Jahre alten Fossilien erzählen von ihren ersten Ausflügen. Zuerst werden sie nicht weit gekommen sein, denn sie konnten an der Luft nicht atmen. Durch häufige Rückkehr ins Wasser hielten sie ihre Kiemen feucht. Womöglich kamen sie nachts an Land, denn in der kühlen Dunkelheit trockneten sie nicht so schnell aus. Da keine anderen Pflanzen oder Tiere an Land lebten, fraßen sich diese ersten Ausflügler gegenseitig. Kleinere Exemplare wurden durch die Gezeiten in Wasserbecken eingeschlossen.

Schließlich wurden die Ausflügler feste Bewohner an Land. Vor 428 Millionen Jahren hatte sich eine nur 1 cm lange Hundertfüßerart an das ständige Leben an Land angepasst. Diese Spezies hatte ihre Kiemen ins Körperinnere verlegt und brauchte nicht mehr ins Wasser zurückzukehren.

Pfauenspinne, ein modernes Spinnentier

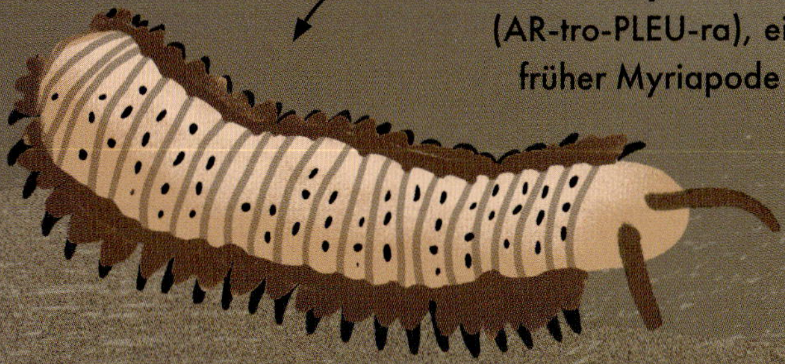

Arthropleura (AR-tro-PLEU-ra), ein früher Myriapode

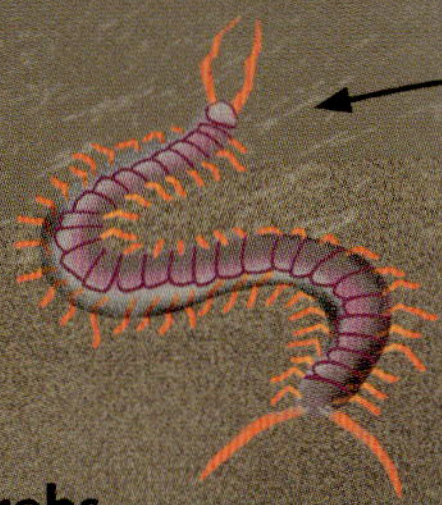

Hundertfüßer, ein moderner Myriapode

Gestreifter Knallkrebs, ein modernes Krebstier

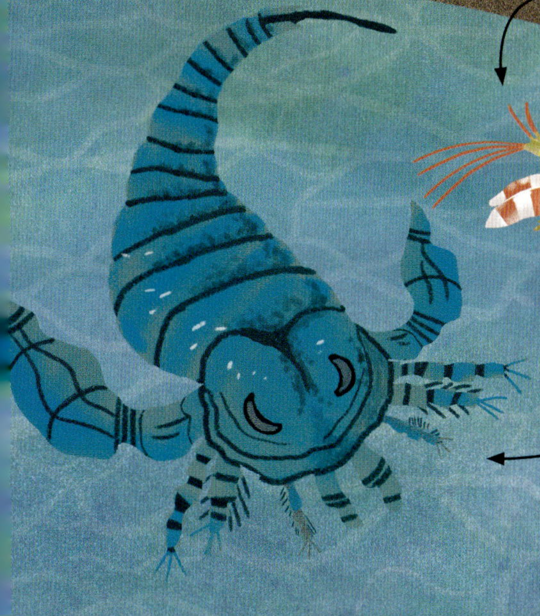

Eurypterides (EU-rüp-te-RI-des), ein frühes Spinnentier

Leben heute

Gliederfüßer

Hundert- und Tausendfüßer haben sich über die Jahrmillionen hinweg nur wenig verändert. Viele der heutigen Arten leben immer noch an dunklen, feuchten Orten, so wie ihre Vorfahren vor fast 450 Millionen Jahren.

Das Leben im Meer

Während einige Gliederfüßer bereits das Land erkundeten, gedieh in den Ozeanen das Leben. Zwischen Schwämmen, Trilobiten und Pfeilschwanzkrebsen schwammen Quallen und frühe Kalmare, darunter Ammoniten. Seesterne und Seeigel krabbelten über den Meeresboden und es entwickelten sich die ersten Fische.

Frühe Fische

Die frühesten Fische entwickelten sich aus Lebewesen wie *Haikouichthys* (heiku-ICH-tis), der vor 525 Millionen Jahren lebte. *Haikouichthys* war nur 2,5 cm lang, hatte eine Wirbelsäule und bewegte sich mithilfe einer Flosse voran, die von der Oberseite seines Körpers rund um den Schwanz bis zur Unterseite führte. Die ersten echten Fische waren aalförmig und hatten an einem Ende einen Ring aus Zähnen. Statt Knochen hatten sie Knorpel. Da sie keine Kiefer besaßen, war ihre Nahrungsauswahl begrenzt.

Dunkleosteus, vor 382–358 Mio. Jahren

Der furchterregende Riese *Dunkleosteus* (dun-KLE-OS-te-us) wurde bis zu 6 m lang.

Drepanaspis, vor 400 Mio. Jahren

Drepanaspis (DRE-pan-AS-pis) lag am Meeresboden, wo er auch seine Nahrung fand. Seine harten Platten schützten ihn vor Angriffen von oben.

Gebogen oder gerade

Neben Fischen gab es auch Ammoniten. Sie ähnelten Kalmaren, hatten aber eine Schale. Manche dieser Schalen waren eng eingerollte Spiralen, andere waren nur teilweise eingerollt oder nahezu gerade. Ammoniten entwickelten sich vor etwa 408 Millionen Jahren aus ihren geradschaligen Verwandten und lebten bis vor 66 Millionen Jahren. Viele unterschiedliche Arten, die alle nur ein paar Millionen Jahre überdauerten, stammten von ihnen ab. Anhand ihrer Fossilien kann die Forschung Gesteinsschichten zurückdatieren und damit auch andere Fossilien, die am selben Ort gefunden wurden.

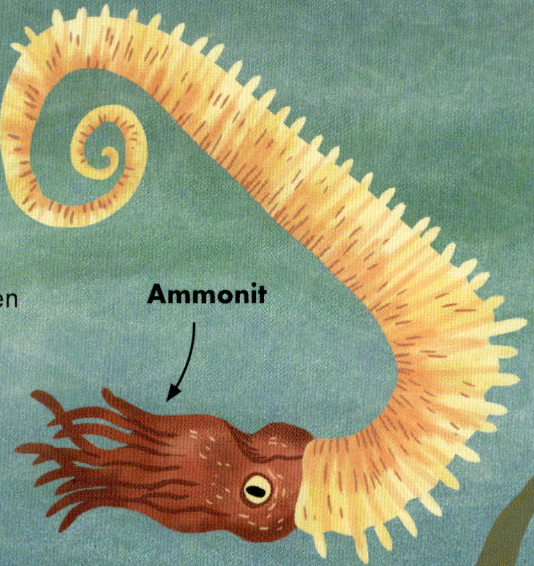

Ammonit

Puzzleteil der Evolution

Stethacanthus

Der frühe Hai *Stethacanthus* hatte sehr sonderbare Merkmale, die bei keinem heutigen Hai mehr zu finden sind: einen knöchernen, mit winzigen Zähnen bedeckten Auswuchs am Kopf und Minizähne auf der Nase. Niemand weiß, wozu dies gut war.

***Stethacanthus* (STET-a-KANN-tus), vor 323 Mio. Jahren**

Mit Kiefer zum Erfolg

Die Vorfahren der modernen Fische entwickelten sich vor etwa 430 Millionen Jahren aus den einfachen Fischen. Sie hatten Kiefer, mit denen sie kräftig zubeißen konnten, und paarige Flossen, mit denen sie ihre Bewegungen besser steuern konnten.

Das Devon wird auch als „Zeitalter der Fische" bezeichnet. Diese Periode begann vor 417 Millionen Jahren und endete vor 354 Millionen Jahren. Damals lebten neben den frühen Vorfahren der Fleischflosser, der Haie und Rochen auch die sogenannten Panzerfische, die mit harten, knöchernen Platten bedeckt waren.

Zenaspis, vor 400 Mio. Jahren

Zenaspis (zen-AS-pis) lebte ebenfalls am Meeresboden und hatte einen pfeilförmigen Kopf.

Fische mit Füßen

Wir Menschen und alle Tiere mit vier Gliedmaßen haben uns aus den Fischen entwickelt, die vor etwa 375 Millionen Jahren an Land krochen und an der Luft zu atmen begannen.

Ertrinkende Fische

Fische leben im Wasser und atmen mit ihren Kiemen. Das Wasser strömt durch ihr Maul ein und durch die Kiemen wieder aus. Dabei geht der Sauerstoff aus dem Wasser in ihr Blut über. Doch vor etwa 400 Millionen Jahren begannen Lungenfische, an der Wasseroberfläche nach Luft zu schnappen.

Moderne Lungenfische können überleben, wenn ein Fluss austrocknet. Sie graben sich im feuchten Schlamm ein und atmen Luft. Andere Fische würden sterben. Wenn Lungenfische hingegen unter Wasser festgehalten werden und nicht nach Luft schnappen können, ertrinken sie.

Panderichthys
(PAN-der-ICH-tis)

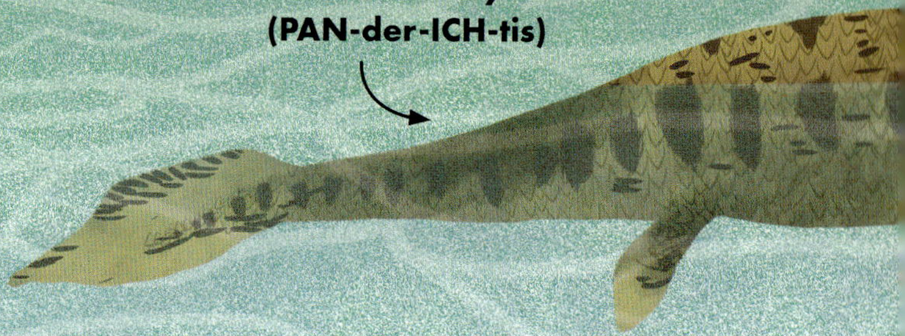

Acanthostega
(a-KAN-to-STE-ga)

Heraus aus dem Sumpf

Als Nächstes bildeten Lungenfische kräftige Flossen aus, mit denen sie sich am Boden abstützten. Damit hievten sie sich aus dem Wasser und die Ufer hinauf. Die ersten Amphibien entwickelten sich aus diesen „Landfischen".

Der berühmteste Vertreter war *Tiktaalik*. Er wurde bis zu 2,5 m lang, hatte einen Kopf wie ein Krokodil, einen beweglichen Hals und ein kräftiges Becken (Hüfte). Fische haben keinen Hals und normalerweise nur ein schmales, schwaches Becken, aber die Landgänger brauchten kräftige Hinterbeine. Durch *Tiktaalik* wissen wir, dass sich die Hüfte veränderte, als fischähnliche Tiere für immer das Wasser verließen.

***Tiktaalik* (tik-TAA-lik)**

Schwimmerbeine

Die Evolution geht nicht immer gerade Wege und manchmal ist es tatsächlich ganz anders, als es scheint. *Acanthostega* lebte 15 Millionen Jahre nach *Tiktaalik* und sah mit seinen Fingern und Zehen wie eine landbewohnende Amphibie aus. Aber seine Beine, Hüfte, Wirbelsäule und Rippen waren doch besser für ein Leben im Wasser als an Land geeignet: Offenbar waren die Gliedmaßen und sogar die Zehen für die Fortbewegung im Wasser gedacht. Dass sie es den Tieren auch ermöglichten, sich an Land zu begeben, war eher ein Zufall.

Ichthyostega
(ICH-tio-STE-ga)

Leben heute

Schlammspringer

Schlammspringer leben in tropischen Gewässern. Sie sehen zwar wie Fische aus, sind aber Amphibien und verbringen die meiste Zeit an Land, allerdings nur im feuchten Schlamm. Ihre Flossen nutzen sie im Wasser zum Schwimmen und an Land als Beine, um sich hüpfend fortzubewegen.

Schlammspringer

Anpassung an die Luft

Nachdem die Fische aus dem Wasser gekrabbelt waren, gewöhnten sie sich daran, einen immer größeren Teil ihres Lebens an Land zu verbringen und zumindest als Erwachsene nur noch Luft zu atmen. Aus ihnen entwickelten sich die ersten Amphibien. Bis heute legen Amphibien ihre Eier im Wasser, auch ihre Jungen leben im Larvenstadium im Wasser und sie besitzen Kiemen.

Rein und raus aus dem Nass

Der etwa 1 m lange *Pederpes* passte sich vor 348 Millionen Jahren an das Leben an Land an. Er hatte sowohl Merkmale von Fischen als auch von Amphibien, unterschied sich aber deutlich von den „Landfischen": Statt kleiner, seitlich hervorragender Gliedmaße hatte er nach vorne gerichtete Füße mit Zehen, sein Kopf war nicht flach, sondern lang und schmal. Seine Ohren waren besser für das Hören unter Wasser als in der Luft geeignet, womöglich machte er also immer noch im Wasser Jagd auf Beute.

Pederpes
(ped-ER-pes)

Die meisten Amphibien sind Fleischfresser – sie ernähren sich zumindest als Erwachsene von anderen Tieren. Die frühen Amphibien fraßen Gliederfüßer oder kleinere Amphibien. Sie bewegten sich nicht weit landeinwärts, da sie ihre Haut feucht halten mussten und ihre Eier im Wasser legten.

Amphibamus (amfi-BA-mus), nur 12 cm lang, ähnelte den modernen Amphibien, wie Fröschen und Salamandern. Er hatte winzige, gezackte Zähne und glich im Larvenstadium wahrscheinlich einer Kaulquappe mit langem Schwanz.

Proterogyrinus (pro-TE-ro-gü-RI-nus) war ebenfalls ein Tier im Übergangsstadium. Seine Gliedmaßen waren fürs Laufen geeignet. Er hatte einen Brustkorb, der die Lungen bei der Luftatmung unterstützte, aber auch immer noch einen Schwanz, der ans Schwimmen angepasst war.

Leben heute

Amphibien

Moderne Amphibien unterscheiden sich kaum von ihren Vorfahren, die vor 300 Millionen Jahren lebten. Frösche führen ein für Amphibien ziemlich typisches Leben: Sie legen ihre Eier im Wasser (Froschlaich), ihre Larven (Kaulquappen) atmen mit Kiemen und ernähren sich von Pflanzen. Während des Heranwachsens bilden sie Beine aus und verlieren ihren Schwanz – ein Vorgang, der sich Metamorphose nennt. Als Erwachsene leben sie überwiegend an Land, fressen Insekten und atmen Luft.

Molch

Mit Beinen oder ohne?

Kaum hatten die Amphibien brauchbare Beine entwickelt, verloren sie diese teils schon wieder. Die Amphibie *Phlegethontia* ähnelte einer Schlange. Sie hatte ihre Beine im Laufe der Evolution verloren. Wahrscheinlich schwamm sie die meiste Zeit im Wasser oder wühlte im Schlamm. Dabei hätten Beine auch eher gestört als geholfen.

Phlegethontia
(flege-TON-tsia)

Blühende Wälder

Vor 359 bis 299 Millionen Jahren fanden die Tiere weiter im Landesinneren eine Landschaft aus üppigen Wäldern vor. Das Zeitalter wird als Karbon bezeichnet. In dieser Periode wuchsen die ersten riesigen Bäume. Über die Jahrmillionen hinweg verwandelten sich abgestorbene Bäume in Kohle, die wir heute ausgraben und verbrennen.

Die Erneuerung der Welt

Die ersten Landpflanzen waren klein und hatten keine Wurzeln. Wenn sie starben, wurden sie von Mikroorganismen zu Erde zersetzt. Bald war die Erdschicht dick genug, dass größere Pflanzen mit Wurzeln darauf wachsen konnten. Ihre Stängel wurden dicker und kräftiger. Darin befanden sich Zellen, die Wasser und Nährstoffe von den Wurzeln nach oben transportierten. Diese Pflanzen gestalteten die Welt neu und setzten ihrerseits eine Weiterentwicklung in Gang. Ihre Blätter betrieben Photosynthese und gaben Sauerstoff an die Luft ab, so wie die Cyanobakterien es vor Jahrmillionen getan hatten.

Riesige Moose, Farne und Schachtelhalme

Die Pflanzen wurden immer größer und kräftiger. Vor etwa 385 Millionen Jahren entstanden die ersten Bäume. Bald gab es unterschiedliche Baumarten, die bis zu 40 m hoch wurden. Im Gegensatz zu modernen Bäume waren sie gigantische Varianten von kleineren Pflanzen, wie Bärlapp, Farn und Schachtelhalm.

Bärlappbäume, wie der *Lepidodendron*, hatten enorme Ausmaße. Ihr hoher Stamm war mit schuppiger Rinde bedeckt. Die Hälfte seines Lebens bestand der Baum nur aus seinem Stamm. Dann erst wuchsen Zweige mit schmalen, spiralförmig angeordneten Blättern und Zapfen für die Samen.

Land der Giganten

Nicht nur Bäume wurden gigantisch groß. Die Photosynthese der Pflanzen füllte die Luft mit mehr Sauerstoff als jemals zuvor. Riesige Gliederfüßer entstanden: Die Libelle *Meganeura* hatte eine Flügelspannweite von 70 cm und *Pulmonoscorpius* war ein 70 cm langer Skorpion. *Arthropleura*, ein 2,6 m langer Tausendfüßer, durchstreifte die Wälder.

Prototaxites

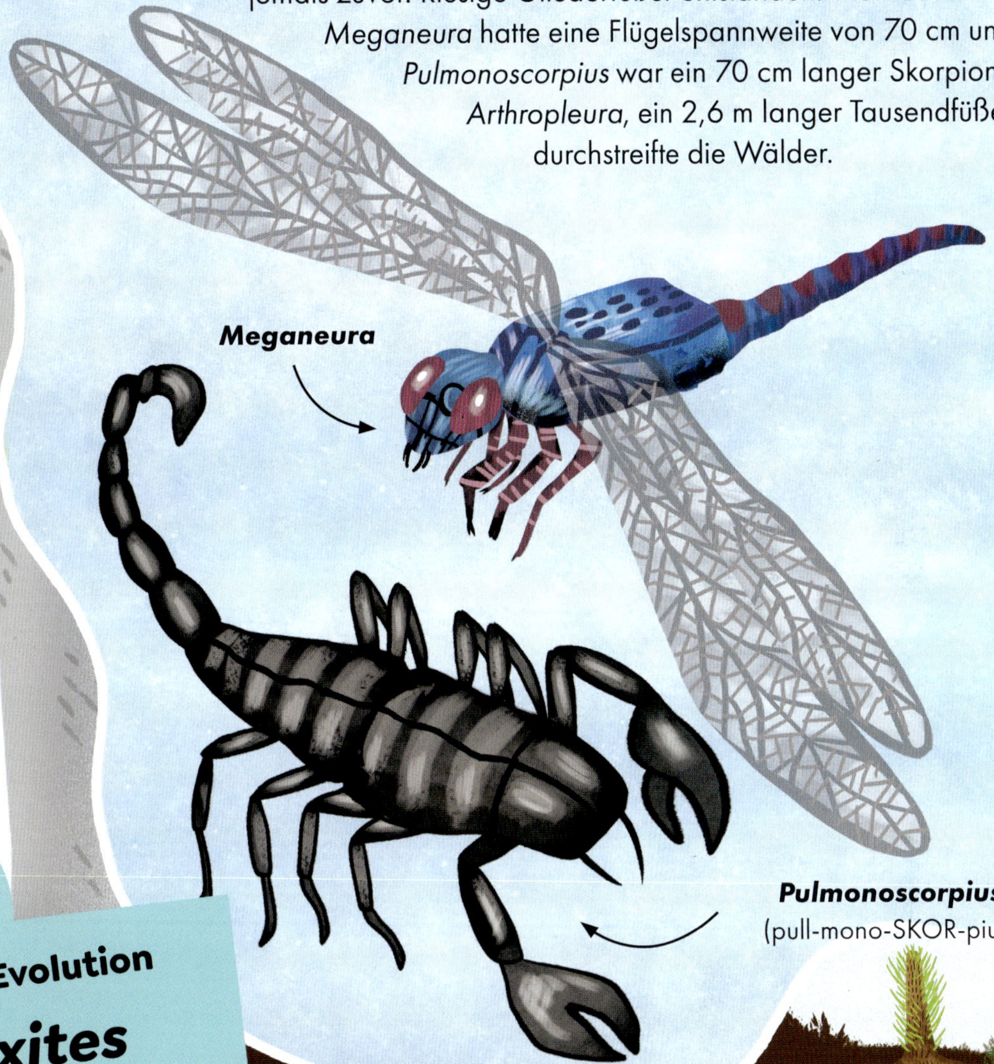

Puzzleteil der Evolution

Prototaxites

Einer der sonderbarsten Organismen aller Zeiten war Prototaxites. Noch vor den Bäumen, vor 400 Millionen Jahren also, wuchs dieser gigantische Pilz mit Stacheln in den Himmel. Mit einer Höhe von bis zu 8 m und einem Durchmesser von 1 m war er zu seiner Zeit der größte Organismus an Land.

Medullosa

Baumfarne sahen wie übergroße Farne aus. *Medullosa* wurde 3,5 m hoch und wuchs auf dieselbe Weise wie ein moderner Farn: Vom Ende seines Stamms aus rollte er neue Wedel aus. Anders als bei modernen Farnen waren seine Samen so groß wie Hühnereier.

Medullosa
(meddu-LO-sa)

Herrscher über das Land

Die Amphibien mussten in Wassernähe bleiben, daher war das Landesinnere den Gliederfüßern überlassen. Bald gesellten sich die Reptilien hinzu.

Entwicklung zum Reptil

Für das Leben an Land waren einige Anpassungen nötig. Reptilien brauchten besondere Gliedmaßen, die besser für die Fortbewegung an Land geeignet waren. Schwimmen oder im Schlamm zu kriechen, war für sie weniger wichtig. Knorpel wurden durch kräftigere, festere Knochen ersetzt und es bildete sich eine dicke, schuppige Haut. Reptilien brauchten Mäuler und Zähne, um Gliederfüßer, Pflanzen und kleinere Reptilien fressen zu können. Am wichtigsten war: Sie brauchten eine Möglichkeit sich fortzupflanzen, ohne dafür zurück ins Wasser zu müssen.

Eine neue Idee

Wie die meisten modernen Arten befruchteten die frühen Amphibien ihre Eier außerhalb des Körpers: Das Weibchen legte Eier ins Wasser, das Männchen steuerte seine Spermien bei, die Eier entwickelten sich anschließend im Wasser. Für die Tiere an Land musste sich das ändern. Die Eier wurden im Körperinneren des Weibchens von den Spermien des Männchens befruchtet, dann bildete sich eine lederne oder harte Schale aus Kalk darum. So konnten die Eier auf dem Boden abgelegt werden, ohne auszutrocknen. Diese innere Befruchtung befreite die Reptilien davon, sich zur Fortpflanzung in Wassernähe aufhalten zu müssen.

Kräftig und gedrungen

Ohne die Einschränkungen, die für Amphibien galten, konnten Reptilien überall leben – und das taten sie auch. Aber die Amphibien verschwanden nicht. Sie lebten weiterhin an den Orten, an die sie gut angepasst waren. Große Amphibien, wie der *Eryops*, der eher wie ein dickes Krokodil aussah, wurden bis zu 2 m lang.

Reptilien spalten sich auf

Die Reptilien unterteilten sich in zwei Gruppen: die Synapsiden und die Diapsiden. Aus den Synapsiden gingen irgendwann die Säugetiere hervor, aus den Diapsiden die Dinosaurier, Vögel und Krokodile. Zunächst ähnelten sich beide Gruppen. Die Synapsiden kamen allerdings häufiger vor. Zu ihnen zählte *Dimetrodon*, ein Tier mit einem großen Rückensegel. Die Vertreter beider Gruppen wurden groß und schwer, einige erreichten eine Länge von bis zu 4,6 m.

Ophiacodon (ofi-A-ko-DON) wurde bis zu 3 m lang und lebte wahrscheinlich in der Nähe von Flüssen, wo er Fische fing und Tieren auflauerte, die zum Trinken kamen. Die Weibchen legten befruchtete Eier mit Schale.

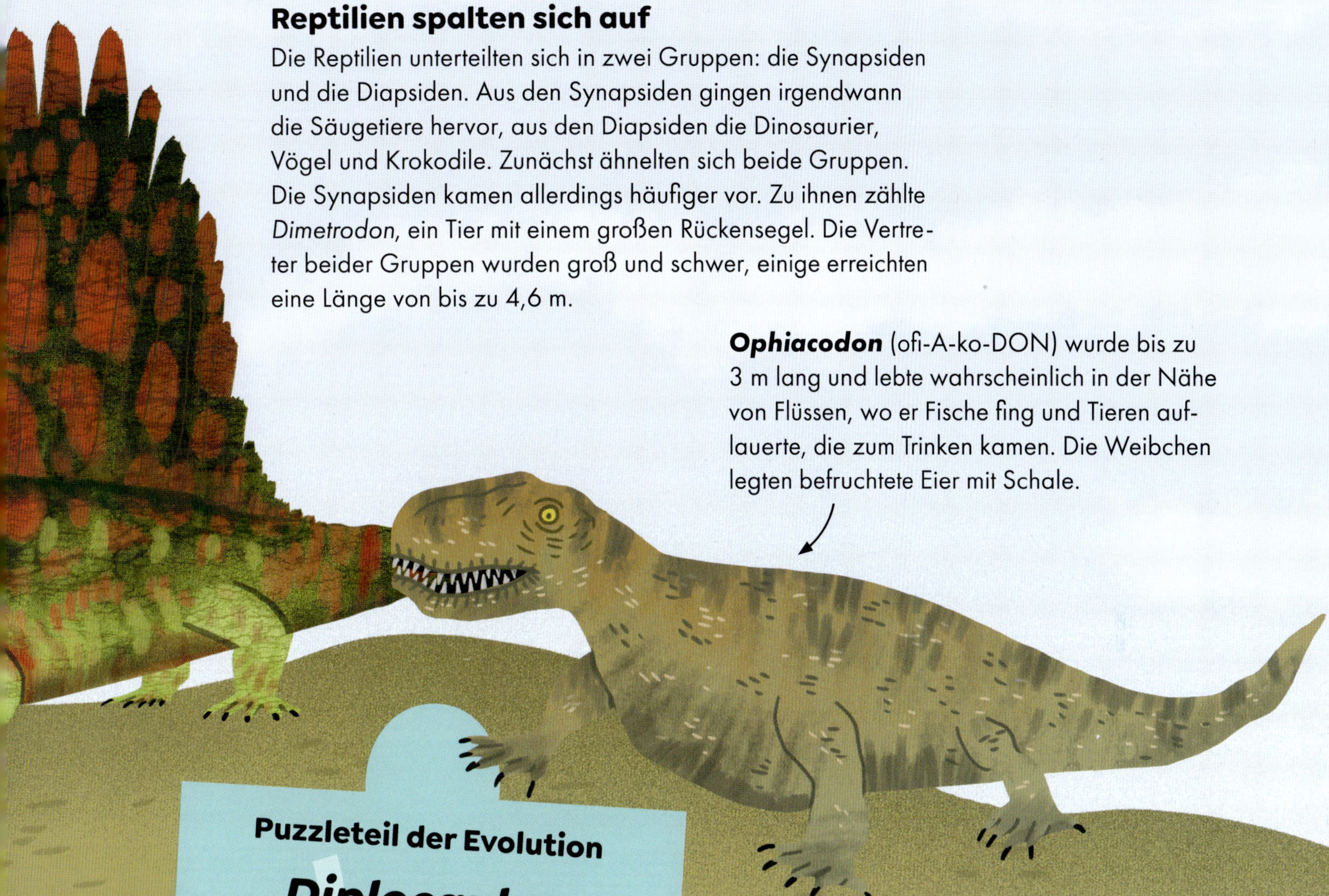

Puzzleteil der Evolution

Diplocaulus

Diplocaulus lebte vor 295 Millionen Jahren. Sein Kopf sah aus wie ein Bumerang und nahm erst mit der Zeit diese Form an. Im jungen Alter waren die Hörner kurz und nach hinten gerichtet. *Diplocaulus* war ein amphibienartiges Tier, womöglich wie ein Salamander. Niemand weiß, warum sein Kopf diese Form hatte.

Fossil des Diplocaulus
(diplo-KAU-lus)

Drei mögliche Entwürfe des ***Diplocaulus*** – wir wissen bis heute nicht genau, wie er aussah.

Vom Gebein zum Stein

Wir wissen, welche Pflanzen und Tiere in der Vergangenheit gelebt haben, weil sie in Form von Fossilien bis heute erhalten sind. Fossilien sind Abdrücke in Stein oder Organismen, die zu Stein wurden. Sie entstehen nur unter ganz bestimmten Bedingungen.

Hart und knöchern

Fossilien entstehen am ehesten aus den harten Teilen eines Lebewesens, also aus Knochen, Zähnen, Schalen oder Platten. Bei Pflanzen bleiben oftmals Baumstämme und Samen erhalten. Weiche Körperteile werden normalerweise von Aasfressern vertilgt oder von Mikroben, chemischen Prozessen oder der Witterung zersetzt. Aus der Zeit vor der kambrischen Explosion gibt es kaum Fossilien, weil die meisten Organismen weiche Körper hatten und ohne Spuren wieder verschwanden.

Chemischer Austausch

Oft bilden sich Fossilien durch chemische Prozesse, die sich über lange Zeit vollziehen. Hierbei werden chemische Verbindungen in Knochen ersetzt, die Form bleibt dabei erhalten. Die besten Fossilien entstehen, wenn ein Lebewesen nach seinem Tod von Sediment (Sand) begraben wird, ohne dass Teile seines Körpers verschleppt oder zersetzt werden. Mit wachsender Sedimentschicht wächst der Druck auf den Körper, bis schließlich ein Stein entsteht, in den der Organismus eingeschlossen ist.

Wer war hier?

Neben Körperfossilien gibt es auch Spurenfossilien. Sie zeigen Fußabdrücke, Schwanzspuren, Löcher, Höhlen oder Nester von Tieren. Manchmal geben sie uns einen Hinweis darauf, wie sich Tiere früher verhalten haben. In der Forschung werden kluge Vermutungen angestellt, indem die Fossilien mit bekannten Sachverhalten von heute verglichen werden. Aber vieles werden wir nie ganz genau wissen.

Vorsicht, Lücke

In der Fossilien-Datenbank tun sich noch einige Lücken auf, nämlich immer da, wo die Forschung nur wenige Fossilien vorliegen hat. Eine Lücke etwa klafft zu dem Zeitpunkt, als sich die Amphibien entwickelten. *Tiktaalik* wurde 2004 gefunden und war das erste Fossil eines „Landfischs“ – eine Sensation. Lücken in einem Zeitraum bedeuten nicht, dass es keine Organismen gab, sondern nur, dass wir (noch) keine Fossilien von ihnen gefunden haben.

Mehr versteckt als entdeckt

Nur aus sehr wenigen Organismen, die irgendwann einmal gelebt haben, sind Fossilien entstanden. Und nur sehr wenige dieser Fossilien wurden gefunden oder dürften in Zukunft gefunden werden. Damit wir auf Fossilien stoßen, müssen sie durch geologische Aktivitäten, wie Bewegungen der Erdkruste, nach oben gedrückt werden. In tief liegendem Gestein, unter Städten oder am Meeresboden verstecken sich mit Sicherheit unzählige Fossilien, die wir nie zu Gesicht bekommen werden.

Untergang und Verderben

Vor etwa 252 Millionen Jahren war das Land mit Wäldern bedeckt. Riesige Gliederfüßer und andere Landtiere lebten darin. In den Meeren tummelten sich Fische, Trilobiten und Ammoniten, die Sümpfe beherbergten Amphibien. Dann ereignete sich eines der größten Massenaussterben in der Geschichte der Erde und löschte 95 Prozent aller Arten aus.

Katastrophe ohne Namen

Die Erde wurde eine Million Jahre lang durch diese Katastrophe verwüstet. Niemand weiß genau, was damals passierte. Vielleicht stürzte ein riesiger Meteorit auf die Erde oder Vulkane brachen aus oder in den Meeren und in der Luft bildeten sich Giftstoffe. Vielleicht änderte sich das Klima, weil eine Staubschicht kein Sonnenlicht mehr durchließ und die Temperaturen durch zunehmendes Kohlendioxid anstiegen.

Moschops
(MOS-chops)

Ganz schön robust

Die reptilienartigen *Moschops* hatten einen stämmigen Körper, seitlich abstehende Beine und eine fassförmige Brust. Mikroben im Darm unterstützten die Verdauung von Pflanzen, von denen sich diese Tiere ernährten. *Moschops* wurden 2,5 m lang, ihr Schädeldach war bis zu 10 cm dick und ihre Halsknochen waren so stabil, dass die Tiere im Kampf ihre Köpfe heftig gegeneinander stoßen konnten.

Hungersnot und Festmahl

Viele Lebewesen gehen ohne Sonnenlicht ein. Pflanzen können ohne Licht keine Photosynthese betreiben und sterben ab. Pflanzenfresser finden keine Nahrung mehr und sterben auch. Dann sterben die Fleischfresser, die sich von den Pflanzenfressern ernähren. Aasfresser können sich erst einmal tüchtig sattessen, aber wenn es keine Kadaver (tote Tiere) mehr gibt, sterben sie auch. Mikroben und Pilze zersetzen die Überreste. Fossilienfunde lassen darauf schließen, dass Pilze vor 252 Millionen Jahren ein Festmahl feierten.

Gewinnertypen

Irgendwem kommen auch die schlimmsten Katastrophen zugute. Der pflanzenfressende Synapside *Lystrosaurus* überlebte das Massenaussterben am Ende dieser Erdzeit, die wir Perm nennen. Er war ungefähr so groß wie ein Schäferhund und hatte große Eckzähne, mit denen er wahrscheinlich Wurzeln ausgrub und eventuell auch Höhlen baute. Aus der Zeit, die dem Massenaussterben folgte, sind von ihm mit am meisten Fossilien erhalten geblieben.

Dem Tod entronnen

Nach der Katastrophe passten sich die wenigen überlebenden Organismen schnell an, um die Vorteile zu nutzen, die das Überangebot an Lebensraum, Wasser und Nahrung mit sich brachte. Als die Luft wieder sauber war, sprossen überlebende Samen aus der Erde, die durch organische Zersetzungsprozesse neu entstanden war.

In den Jahren nach dem Massenaussterben entwickelten sich rasch neue Arten. Da die meisten großen Amphibien und Reptilien ausgestorben waren, gab es auch Platz für eine neue Tierart: die Dinosaurier.

Lystrosaurus
(LÜSS-tro-SAU-rus)

Zeit für Dinosaurier

Nur 5 Prozent der Arten überlebten das Massenaussterben am Ende des Erdzeitalters Perm. In der darauffolgenden Periode, dem Trias, füllte sich die Erde mit neuem Leben – an Land, im Meer und sogar in der Luft.

Neue Reptilien kamen auf: Die Archosaurier waren sowohl Vorfahren der Dinosaurier als auch heutiger Reptilien, wie Krokodil, Echse und Schlange. Einige Reptilien kehrten ins Wasser zurück, andere eroberten den Himmel. Die säugetierähnlichen Reptilien verschwanden nicht, wurden aber viel kleiner und zogen sich in Erdbauten und auf Baumwipfel zurück. Ihr großer Auftritt stand erst noch bevor. Zunächst beherrschten die größten Tiere, die jemals auf Erden lebten, für über 150 Millionen Jahre das Land.

Nordamerika vor 76 Millionen Jahren. Im Uhrzeigersinn von oben: ***Pteranodon*** (te-RA-no-DON), ***Gryposaurus monumentensis*** (GRÜ-po-SAU-rus mo-nu-MEN-ten-sis), ***Corythosaurus casuarius*** (ko-RÜ-to-SAU-rus ka-su-A-ri-us), ***Panoplosaurus*** (pa-NO-plo-SAU-rus)

Zurück ins Wasser

Durch das Massenaussterben am Ende des Perm hatte auch das Meer die meisten seiner Bewohner verloren. Es gab reichlich Platz für neue Arten. Auch einige Landtiere kehrten ins Wasser zurück.

Evolution rückwärts

Die Anpassung an das Leben an Land hatte Veränderungen im Körperbau mit sich gebracht: Aus knorpeligen Flossen waren kräftige Gliedmaßen mit Ellbogen und Knien, beweglichen Fingern und Zehen geworden. Die Körper waren stämmiger, um besser durch das Unterholz kriechen und Wärme und Wasser speichern zu können.

Bei der Rückkehr ins Meer passten sich die Reptilien erneut an. Ihre Beine bekamen eine flossenartige Form, ihre Körper und Köpfe wurden stromlinienförmig.

Plesiosaurus
(PLE-sio-SAU-rus)

Cymbospondylus
(ZÜMM-bo-SPON-dü-lus)

Lebende Junge

Alle Amphibien und die meisten landbewohnenden Reptilien legten Eier. Meeresreptilien brachten lebende Junge zur Welt. Die Lebendgeburt entwickelte sich wahrscheinlich über 100-mal unabhängig voneinander bei unterschiedlichen Reptilienarten.

Wie Fische – nur anders

Von den Meeresreptilien war der *Ichthyosaurus* den Fischen am ähnlichsten. *Cymbospondylus* war ein früher *Ichthyosaurus*. Seine paddelartigen Gliedmaßen stellten einen evolutionären Zwischenstand dar. Spätere Ichthyosaurier hatten eine Rückenflosse und eine Schwanzflosse, um im Wasser besser voranzukommen. Sie ähnelten modernen Delfinen und mussten immer wieder an die Wasseroberfläche kommen, um Luft zu holen. Mit der Zeit wurden sie größer und größer, vor 205 Millionen Jahren schließlich so groß wie Blauwale.

Ichthyosaurus
(ICH-tio-SAU-rus)

Lange und kurze Hälse

Noch andere Körperformen waren für das Leben unter Wasser geeignet. *Plesiosaurus* und *Pliosaurus* sahen aus wie schwimmende Dinosaurier, waren aber stromlinienförmig. *Plesiosaurus* hatte einen langen Hals (*Elasmosaurus* sogar einen extrem langen) und einen kleinen Kopf. Der kampfeslustige *Pliosaurus*, wie *Liopleurodon*, hatte einen länglichen Kopf und einen kurzen Hals und ähnelte damit eher einem Krokodil.

Elasmosaurus
(e-LASS-mo-SAU-rus)

Liopleurodon
(lio-PLEU-ro-DON)

Die Neuerfindung des Reptils

Der *Mosasaurus* entwickelte sich vor 100 Millionen Jahren aus einer neuen Art der landbewohnenden Reptilien, die ins Meer zurückgekehrt waren. Er breitete sich immer weiter aus, während andere Arten ausstarben. *Mosasaurus* zählte zu den gefährlichsten Meeresbewohnern aller Zeiten und wird manchmal auch als „T. rex der Meere" bezeichnet. Kleinere Exemplare ernährten sich von Kalmaren oder Fischen, die größeren fraßen Seevögel, Haie und kleine Artgenossen. Sie konnten ihr Kiefergelenk lösen, um wie eine Schlange große Beute als Ganzes zu verschlingen.

Mosasaurus
(MO-sa-SAU-rus)

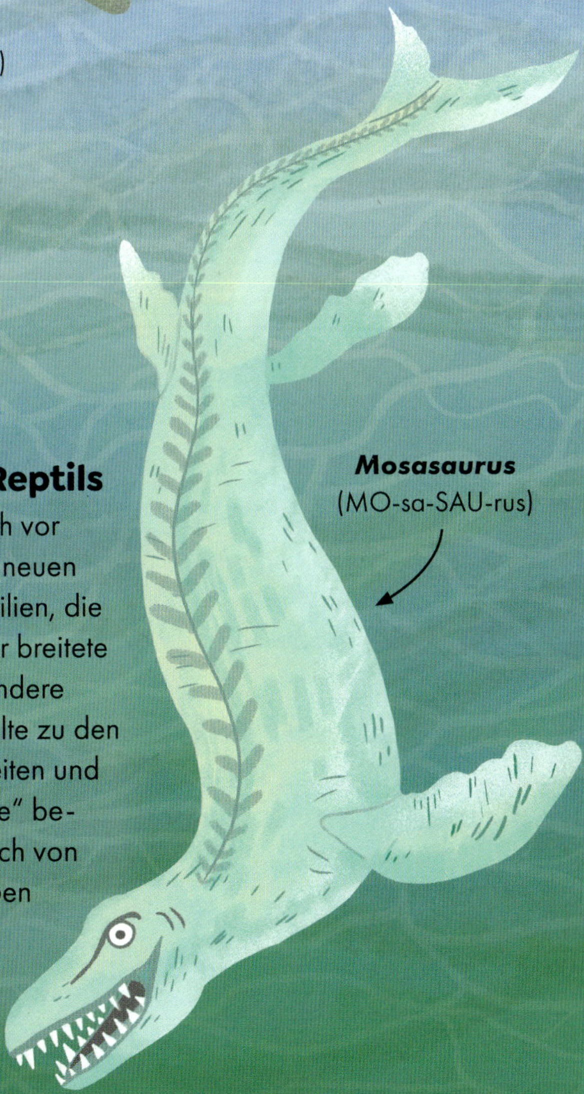

Verblüffend ähnlich

Meeresreptilien bildeten stromlinienförmige Körper, Rücken- und Schwanzflossen aus. Damit konnten sie sich im Wasser gut bewegen. Moderne Fische weisen dieselben Merkmale auf. Verschiedene Organismen entwickeln sich oft auf ähnliche Weise, wenn sie ähnliche Herausforderungen zu bewältigen haben. Man spricht dann von konvergenter Evolution.

Gut schwimmen, besser schwimmen

Die Vorfahren der Fische waren torpedoförmig. Sie hatten weder Beine noch abstehende Ohren, anfangs nicht einmal Flossen. So glitten sie leicht durchs Wasser. Im Verlauf der Evolution behielten Fische ihre Stromlinienform bei, bildeten aber Flossen aus, mit denen sie Bewegungen noch besser steuern konnten und schneller waren.

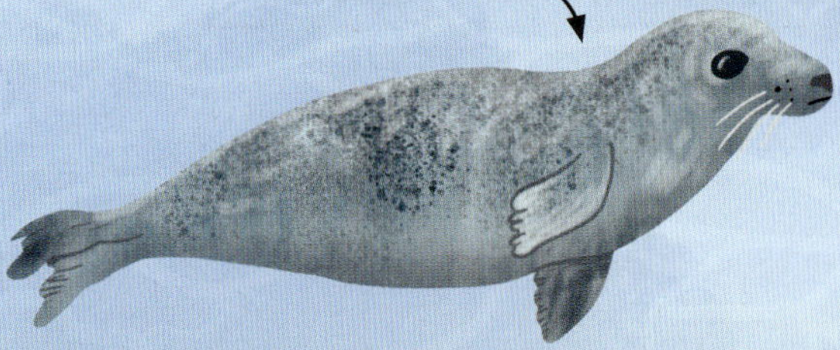

Seehund

Pliosaurus
(PLI-o-SAU-rus)

Kronosaurus
(KRO-no-SAU-rus)

Ideal fürs Wasser

Mit der Rückkehr ins Meer veränderten sich die Bedingungen. Landbewohnende Tiere benötigen oft starke Knochen und Muskeln, im Meer formt das Wasser den Körper. Wasser bietet mehr Widerstand als Luft, ein stromlinienförmiger Körper ist da von Vorteil. Die Tiere passten sich an das Leben im Wasser wieder an, indem sie ihren Körperbau veränderten, Gliedmaßen in Schwimmflossen verwandelten und Fell oder Federn ablegten. Meeresreptilien, Meeressäugetiere wie Delfine und Seehunde sowie Tauchvögel wie der Pinguin haben allesamt unabhängig voneinander ähnliche Lösungen entwickelt.

Großer Tümmler

Flug durch Luft und Wasser

Viele Tierarten können fliegen: Vögel, Fledermäuse, Insekten, Flugsaurier (eine ausgestorbene Reptilienart), es gibt sogar Fliegende Fische. Sie alle haben sich unabhängig voneinander entwickelt und sind ein weiteres Beispiel für die konvergente Evolution. Tiere fliegen nicht alle auf dieselbe Weise. Manche gleiten und spannen ein Netz aus Haut auf, das wie ein Fallschirm funktioniert. Vögel, Insekten und Fledermäuse schlagen mit den Flügeln. Adler kreisen in großer Höhe, sie segeln auf Luftströmungen. Manche Tiere „fliegen" auch unter Wasser. Ein Rochen etwa bewegt sich fort, indem er seine „Flügel" langsam auf und ab bewegt.

Immer in Form bleiben

Konvergente Evolution kann auch das Verhalten von Tieren betreffen. Manche Fische schwimmen in großen Schwärmen, die ihre Formation stets beibehalten, auch wenn sie die Richtung wechseln. In der Luft tun Vögel dasselbe: Sie bilden Schwärme und vollziehen ihre Flugmanöver gemeinsam.

Die Dinos kommen!

Einige Reptilien kehrten ins Meer zurück. Andere blieben an Land und bildeten rasch eine immer größere Artenvielfalt.

Herrschen und Teilen

Reptilien wie der *Lystrosaurus* breiteten sich nach dem Massenaussterben auf der gesamten Erde aus. Das war möglich, weil das Land zu der Zeit aus einem einzigen, riesigen Kontinent bestand, Pangaea (pan-GÄ-a) genannt. Innerhalb von nur 5 Millionen Jahren entstanden die Archosaurier: Aus einer Archosaurier-Gruppe entwickelten sich Vögel und Dinosaurier, aus einer anderen Krokodile.

Lystrosaurus
(LÜSS-tro-SAU-rus)

Riojasaurus
(RI-ocha-SAU-rus)

Urvögel und Ursaurier

Die Vertreter der Gruppe, aus denen später die Vögel hervorgingen, waren schlank und schnell. Die frühesten Dinosaurier gehörten dieser Gruppe an, darunter *Herrerasaurus*. Er lebte vor 228 Millionen Jahren. Ihnen folgten schnelle Prädatoren wie *Coelophysis* und Pflanzenfresser wie *Eocursor*. Aus den Pflanzenfressern entwickelten sich *Ornithischia* mit schnabelartigem Maul, die in unterschiedlicher Gestalt und Größe auftraten. Die *Sauropodomorpha* bildeten eine weitere Gruppe, sie waren schwer und langsam. *Riojasaurus* und *Plateosaurus* wurden bis zu 10 m lang und liefen auf vier Beinen, wie auch der spätere Sauropode *Diplodocus*, der im Erdzeitalter Jura lebte.

Herrerasaurus (HER-ree-ra-SAU-rus)

Coelophysis
(ZÖ-lo-FÜ-sis)

Eocursor (eo-KUR-sor)

Plateosaurus
(PLA-te-o-SAU-rus)

Urkrokodile

Die meisten krokodilähnlichen Archosaurier waren stämmige Fleischfresser. *Postosuchus* wurde bis zu 4 m lang und dürfte unter Pflanzenfressern für Angst und Schrecken gesorgt haben. Mit seiner kräftigen Gestalt, dem schmalen Schädel und mächtigen Kiefer sah er *T. rex* ziemlich ähnlich. Er hatte auch eine ähnliche Lebensweise. Dies ist wieder ein Beispiel für konvergente Evolution, denn der sehr viel später lebende *T. rex* entstammte der anderen, vogelähnlichen Gruppe.

Andere krokodilähnliche Tiere glichen eher schmalen, wendigen frühen Theropoden. *Effigia* mit langem Hals und Schwanz, schmalem Kopf und Mund sah wie *Coelophysis* aus, hatte aber keine Zähne und ernährte sich vorwiegend von Pflanzen.

Aktive Anpassung

Geniale Gelenke

Die vogelähnlichen Archosaurier hatten ein Fußgelenk, das die Fußform veränderte und mit dem sie schnell rennen konnten. Die krokodilähnlichen Archosaurier hatten ein Fußgelenk, das wie eine Kugel in der Gelenkpfanne lag. Damit waren sie zwar flexibel, aber nicht schnell. Das ist einer der Gründe, warum ein Krokodil nicht so rennen kann wie ein Vogel Strauß.

Effigia (ef-FI-gia)

Postosuchus (posto-SU-chus)

Dino-Design

Dinosaurier gab es in drei Grundtypen:

Theropoden waren Jäger. Ihre Hinterbeine waren länger als die Vorderbeine. Zum Laufen nutzten sie die Hinterbeine.

Sauropoden waren Pflanzenfresser. Sie liefen auf vier Beinen. Viele wurden riesengroß.

Ornithischia waren der ganze Rest, darunter Stegosaurier, Ankylosaurier und Dinosaurierarten wie der *Triceratops* und der *Parasaurolophus*. Sie ernährten sich von Pflanzen.

Zeitalter der Giganten

Die Dinosaurier wuchsen und wuchsen. Die sauropoden Dinosaurier, die in der Mitte des Jura (vor 200–145 Millionen Jahren) lebten, waren die größten landbewohnenden Tiere aller Zeiten.

Groß gleich gut

Die Sauropoden wuchsen in mehreren Schritten in unterschiedlichen Teilen der Erde zu enormer Größe heran. Das Wachstum wurde durch unterschiedliche Merkmale ermöglicht. Knochen und Körper hatten Luftkammern und waren relativ leicht. Die Tiere konnten größer werden, ohne unter ihrem Gewicht zusammenzubrechen. Mit ihren langen Hälsen kamen sie an Nahrung, die für andere Tiere außer Reichweite war, und sie hatten einen kleinen Kopf, den ihr langer Hals leicht tragen konnte. Sie schluckten Blätter und Zweige ohne zu kauen herunter. Sie konnten also schnell und viel fressen. Groß zu sein war ein Vorteil. Auch Prädatoren trauten sich kaum an sie heran.

Groß, größer, am größten

Die Sauropoden fingen ziemlich klein an: Der *Riojasaurus* war nur 10 m lang, also etwa so groß wie ein Bus. *Camarasaurus* kam auf eine Länge von 15 m, *Apatosaurus* auf 22 m. *Diplodocus* konnte bis zu 25 m lang werden, der gigantische *Argentinosaurus* sogar 37 m. Und der war vielleicht noch nicht einmal der Größte von allen!

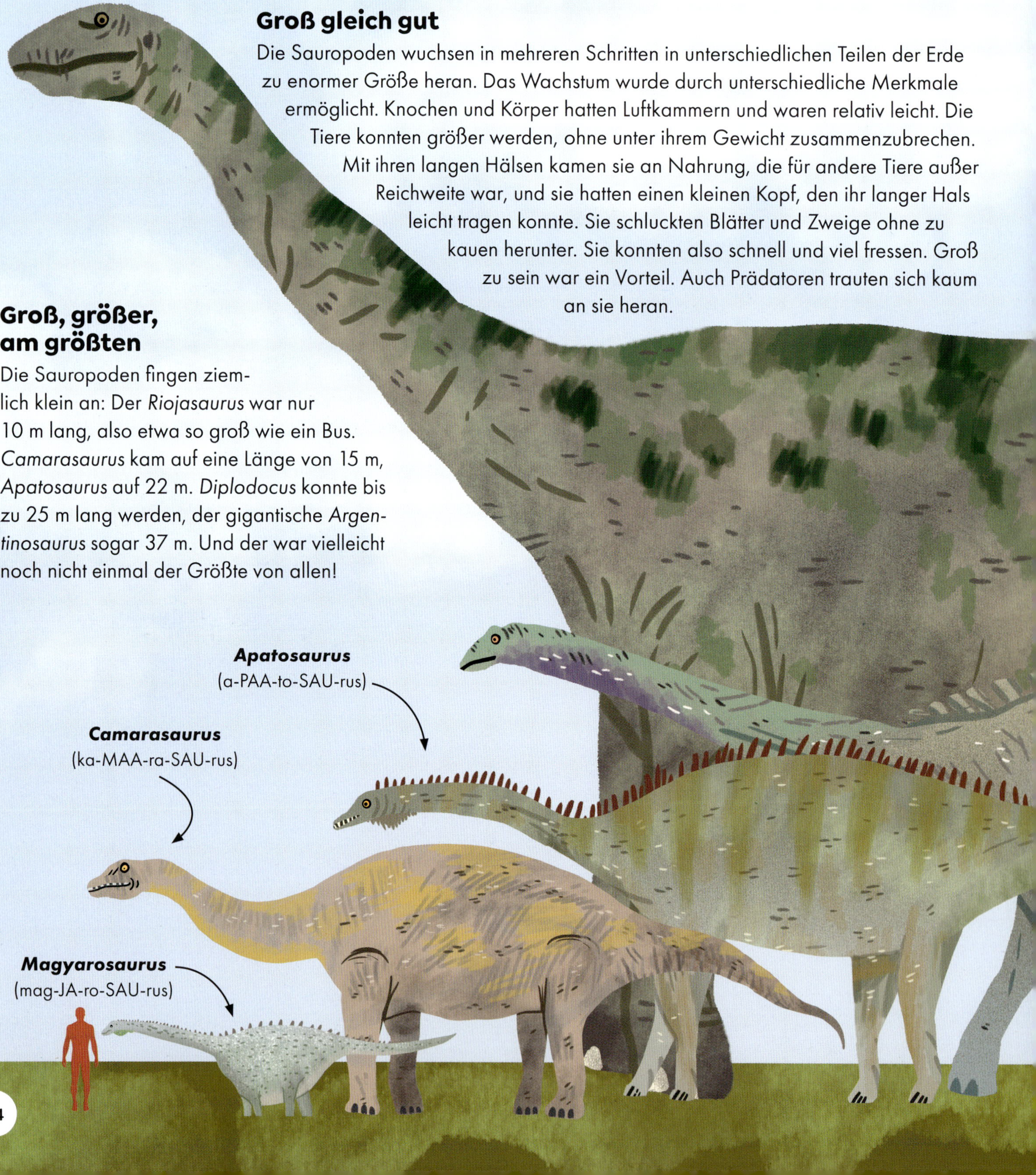

Vier Beine oder zwei Beine

Je größer der Körper, desto mehr wiegt er. Die großen Sauropoden standen mit allen Vieren fest auf dem Boden. Kleinere Arten stellten sich vermutlich gelegentlich auf die Hinterbeine, um an die oberen Äste der Bäume zu gelangen, aber die größten Exemplare konnten das nicht – und hatten es auch nicht nötig. Andere große, schwere Sauropoden, wie *Triceratops* und *Ankylosaurus*, blieben mit den Füßen ebenfalls am Boden. Der Theropode *T. rex* war zwar groß, aber doch viel kleiner als die Sauropoden. Er hatte zwei kräftige Hinterbeine, die sein Gewicht trugen. Alle Theropoden liefen auf zwei Beinen.

Aktive Anpassung

Sauropoden - Snack

Hätten alle Sauropoden dasselbe gefressen, hätte es nicht genug Nahrung für alle gegeben. Die unterschiedlichen Arten ernährten sich von unterschiedlichen Pflanzen. Maul und Zähne waren an die jeweilige Nahrung angepasst. Manche hatten zapfenförmige Zähne, mit denen sie Blätter von den Zweigen streiften. Andere hatten breitere Zähne mit scharfen Kanten, um Äste durchzutrennen.

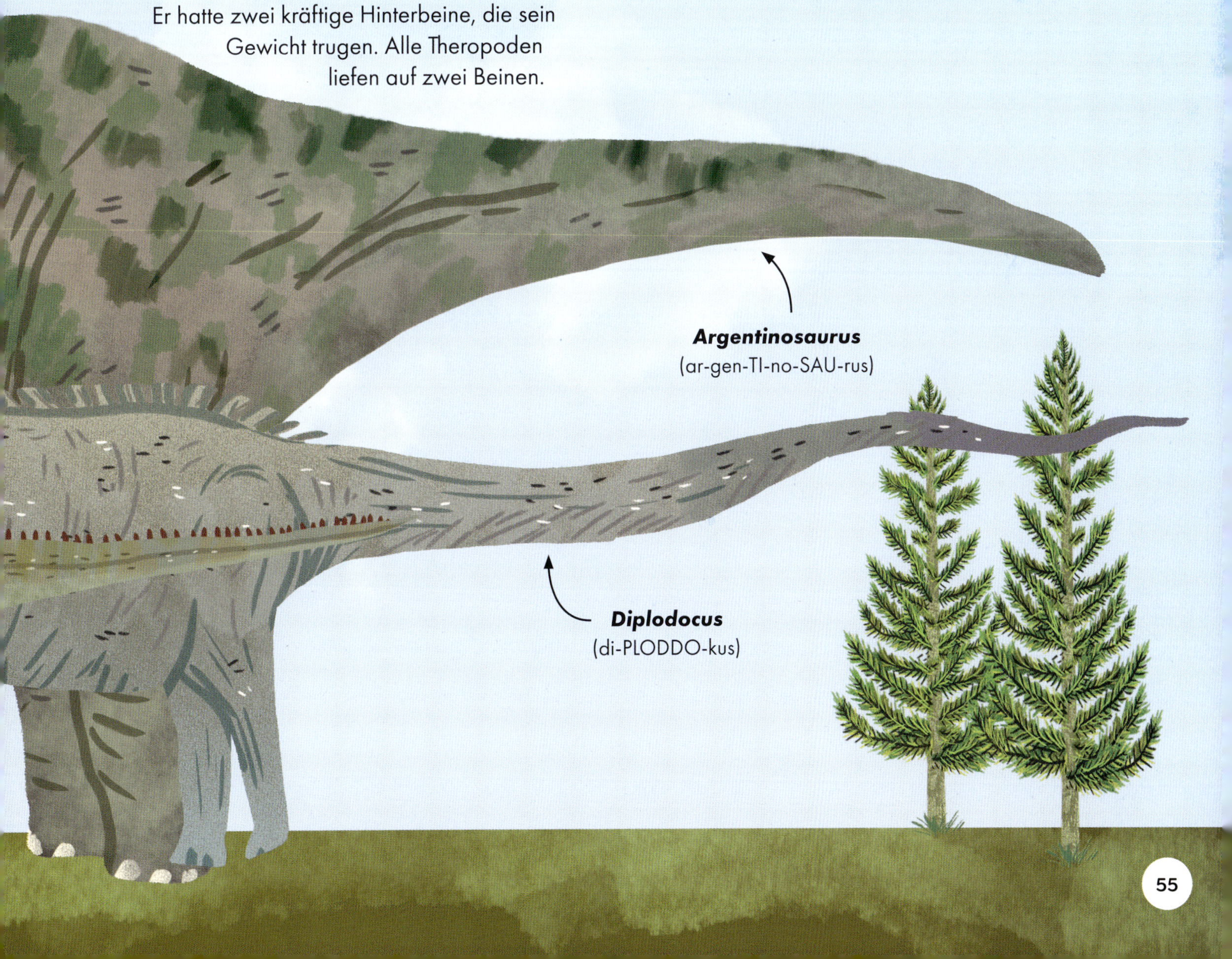

Platten verschieben sich

Die Kontinente der Erde sind immer in Bewegung. Über Jahrmillionen hinweg treiben sie langsam umher, brechen auseinander und gruppieren sich neu. Am Ende des Perm bildete die gesamte Landmasse einen einzigen Kontinent: Pangaea. Zu dieser Zeit konnten sich Organismen auf der gesamten Erde ausbreiten.

Schwimmendes Land

Die Oberfläche der Erde besteht aus einer festen, felsigen Kruste, die auf einer dicken Schicht aus heißem, halb geschmolzenem Gestein schwimmt, dem Magma. Die Kruste ist in Stücke gebrochen, die man tektonische Platten nennt. Sie passen zusammen wie die Teile eines Puzzles. Das Magma bewegt sich und trägt die Platten mit sich. Wegen der Strömungen im Magma bewegen sie sich jedoch nicht alle gleichzeitig. Über hunderte Jahrmillionen hinweg ordnet sich die Landmasse neu. Manchmal bildet sie einen einzigen großen Kontinent, der von einem Weltmeer umgeben ist, und manchmal – beispielsweise jetzt – gibt es getrennte Kontinente, umgeben von Ozeanen.

Inselleben

Ist die gesamte Landmasse miteinander verbunden, können sich Pflanzen und Tiere überall ausbreiten. Besteht sie aus mehreren Teilen, können nur wenige Lebewesen die großen Ozeane überqueren. Australien etwa kann heute nur noch von Vögeln, Insekten oder Kleinstlebewesen erreicht werden, die vom Wind mitgetragen oder im Meer mitgetrieben werden. Bricht Landmasse auseinander, entwickeln sich die Organismen auf den getrennten Teilen unabhängig voneinander weiter.

Auf Inseln lässt sich das besonders gut beobachten. Viele Arten entwickeln sich dort in kleineren Varianten der Organismen des Festlands. Sauropoden, die auf Inseln lebten, waren oftmals ziemlich klein. Der Inselsauropode *Magyarosaurus* etwa wurde nur 6 m lang, seine Verwandten auf dem Festland konnten die fünffache Größe erreichen.

Stacheln und Rückenplatten

Der *Stegosaurus* lebte vor 163 bis 100 Millionen Jahren in dem Gebiet, das heute den Westen der USA bildet. Aber auch in China, Afrika und Europa wurden *Stegosaurus*-Überreste gefunden. Die frühesten *Stegosaurus* konnten sich noch überall ausbreiten. Als Pangaea vor 175 Millionen Jahren auseinanderzubrechen begann, entwickelten sich die *Stegosaurus* auf unterschiedlichen Kontinenten unabhängig voneinander weiter: Sie passten sich jeweils an die Bedingungen vor Ort an.

Alle zusammen

Vor langer Zeit hingen alle heutigen Kontinente miteinander zusammen. Diese riesige Landmasse wird Pangaea genannt. Die roten Linien auf der Karte zeigen, wo die Platten der Erdkruste miteinander verbunden waren.

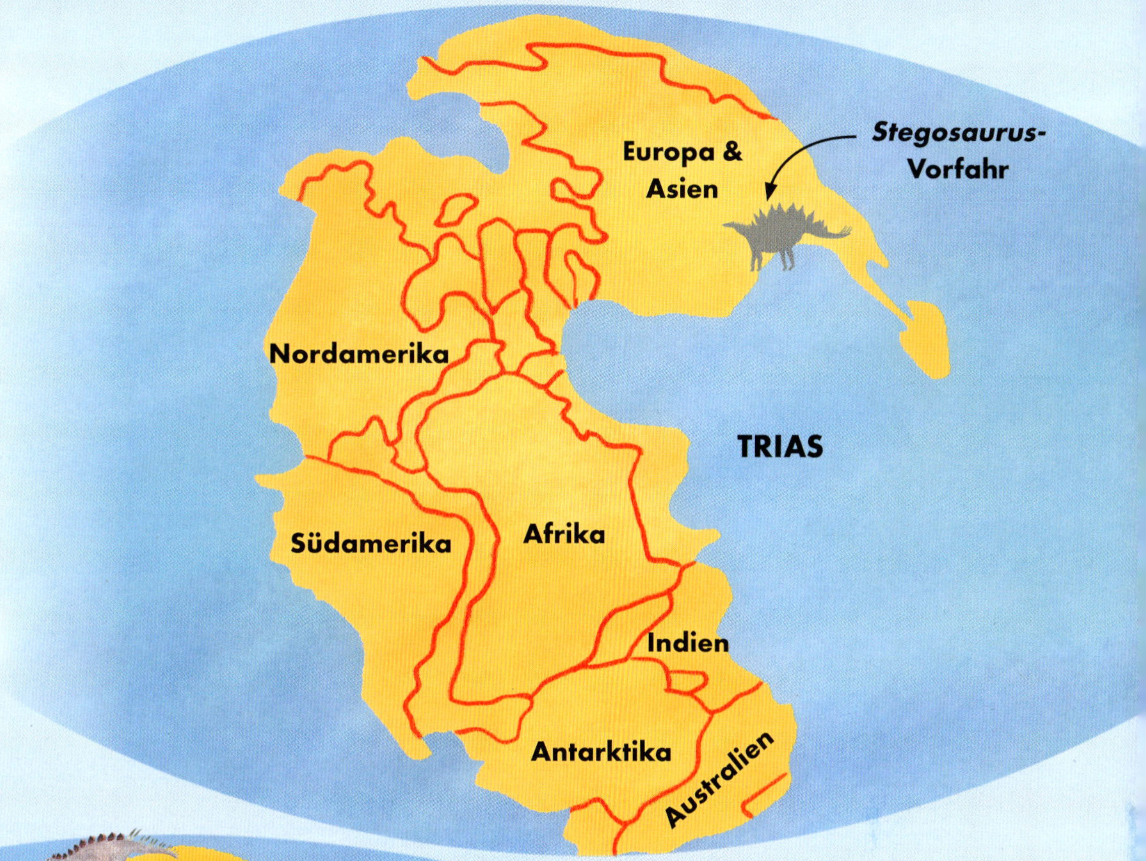

Alle getrennt

Stegosaurus-Fossilien wurden an vielen unterschiedlichen Orten gefunden. Sie beweisen, dass sich die Tiere unabhängig voneinander weiterentwickelten, als sich die Landmassen voneinander trennten. Als sie noch miteinander verbunden waren, konnten sich die Vorfahren von *Stegosaurus* und anderen Dinosauriern überall frei bewegen.

Hoch, hoch hinaus

Einige Reptilien erhoben sich irgendwann in die Lüfte. Die Flugsaurier waren wie die Dinosaurier eine Gruppe der Archosaurier und lebten zur selben Zeit (vor 220 bis 66 Millionen Jahren). Obwohl manche Exemplare wie Vögel aussahen, stammen moderne Vögel nicht von ihnen ab.

Bereit zum Abflug

Flugsaurier entwickelten sich aus kleinen, beweglichen Reptilien und waren nach den Insekten die zweiten flugfähigen Tiere. Bei ihren Flügeln handelte es sich um Hautlappen, die zwischen Vorder- und Hinterbeinen gespannt waren. Ihr vierter Finger war besonders lang und stützte den Flügel, die anderen Finger schauten am Flügelgelenk hervor. Am Boden bewegten sich die Flugsaurier auf allen Vieren und mit eingefalteten Flügeln fort.

Viele Flugsaurier lebten an der Küste und ernährten sich von Fischen. Der frühe *Dimorphodon* hatte einen großen Kopf und einen Schnabel wie ein moderner Papageitaucher. Wahrscheinlich schöpfte er damit Fische von der Wasseroberfläche, wie es auch die Papageitaucher tun. Der etwas größere *Rhamphorhynchus* hatte Zähne, mit denen er Fische in seinem schmalen Schnabel festhalten konnte.

Lang- und Kurzschwanz

Flugsaurier waren sehr erfolgreiche Tiere. Über 150 Millionen Jahre hinweg entstanden viele verschiedene Arten. Einige, wie *Tupandactylus* und *Tupuxuara*, lebten an Land und ernährten sich von den Früchten der Palmfarne. Die frühen Flugsaurier hatten lange Schwänze, die meisten späteren Arten eher kurze. Der Kurzschwanzflugsaurier *Pterodactylus* hatte einen längeren Hals und einen kleinen Kamm auf dem Kopf.

Von klein bis flugzeuggroß

Die Flugsaurier wurden mit der Zeit immer größer. Das größte Exemplar hatte schließlich eine Spannweite von einem kleinen Flugzeug. Der riesige *Pteranodon* lebte wie ein moderner Albatros. Er hatte eine Flügelspannweite von 6 m, landete selten und kreiste meist über dem Meer, wo er mit seinem zahnlosen Schnabel Fische fing. Vermutlich lebten sie in Schwärmen. Der größte Flugsaurier und gleichzeitig das größte flugfähige Tier aller Zeiten war ein ziemlicher Albtraum: *Quetzalcoatlus* hatte eine Flügelspannweite von 12 m und fraß sogar Dinosaurier! Allein sein Kopf war größer als ein ausgewachsener Mann.

Puzzleteil der Evolution
Flugsaurier-Flügel

Die genaue Beschaffenheit von Flugsaurier-Flügeln ist ein Rätsel. Sie erstreckten sich eventuell bis zu den Fußgelenken der Hinterbeine, nur bis zu den Knien oder auch nur bis zu den Hüften. Fledermäuse haben ähnliche Flügel entwickelt. Sie reichen meist bis zu den Fußgelenken der Hinterbeine oder bis zum Schwanz.

Kampf mit dem Kamm

Die Kämme auf dem Kopf wurden immer auffälliger. Manche Arten hatten riesige Kämme, die wohl eher unpraktisch waren. *Tupandactylus* mit einer Flügelspannweite von 5,5 m hatte es sicher mit dem Kamm schwer.

Kleine Anfänge

Neben den Giganten eroberten sich auch kleinere Lebewesen einen Platz in der Welt. Aus ihnen entwickelte sich die Klasse der Säugetiere, zu der wir Menschen gehören. Anfangs lebten diese nagetierähnlichen Tiere auf Bäumen oder unter der Erde.

Schnell und mit Fell

Die Säugetiere entwickelten sich aus einer Gruppe säugetierähnlicher Reptilien, *Cynodontia* genannt. Mit der Zeit bildeten sie die eindeutigen Merkmale von Säugetieren aus: Sie waren Warmblüter, hatten Haare oder Fell und produzierten Milch für ihre Jungen. Warmblütige Tiere können ihre Körpertemperatur selbst regulieren. Sie brauchen keine Sonne, die sie wärmt. Deswegen konnten frühe Säugetiere in der kühlen Nacht aktiv sein, wenn die Prädatoren schliefen.

Die ersten Säugetiere ernährten sich von Insekten und Eidechsen. Sie waren die ersten Tiere, die wie Gliederfüßer in Baumwipfeln lebten.

Repenomamus (RE-peno-MA-mus) war so groß wie ein großer Hund und lebte vor 125 Millionen Jahren im heutigen China. Er fraß winzige Dinosaurier.

Spezialisten

Tiere sind oft dann am erfolgreichsten, wenn sie eine eigene Nische finden – ihren individuellen Platz in der Natur, einen Ort zum Leben, Nahrung und einen Lebensstil, der an die Umwelt angepasst ist. Die frühen Säugetiere entwickelten sich auf unterschiedliche Weise, um die freien Nischen zu füllen. Viele wiesen Merkmale auf, die sich unabhängig davon auch bei sehr viel späteren Tieren entwickelten.

Der kleine **Morganucodon** (mor-ga-NUU-ko-don) war kein reines Säugetier. Sein Kiefer entsprach dem eines Reptils. Er fraß Insekten, hatte wahrscheinlich Haare und legte Eier mit einer ledernen Schale. Er lebte vor 205 Millionen Jahren.

Sinoconodon (sino-KOO-no-don) war den Säugetieren ebenfalls ähnlich und mit einer Größe von 30 cm größer als der damalige Durchschnitt.

Volaticotherium (wola-TI-ko-TE-ri-um) war etwa so groß wie eine Ratte und glitt wie ein modernes Flughörnchen durch die Luft. Seine behaarten Flughäute spannten sich zwischen Vorder- und Hinterbeinen auf.

Juramaia (JUU-ra-MA-ja) lebte vor 160 Millionen Jahren in den Bäumen, wo es sich von Insekten und Würmern ernährte und vor Prädatoren sicher war. Es handelte sich um ein frühes Plazentatier.

Fruitafossor (FRUU-ta-FOSS-or) war das erste Tier, das sich nur von Termiten ernährte. Wie die modernen Ameisenbären hatte es kräftige Vorderbeine, um Termitenhügel umzugraben.

BABYS IM BEUTEL

Die meisten modernen Säugetiere bringen lebende Junge zur Welt. Man bezeichnet sie auch als Plazentatiere. Die Babys entwickeln sich im Körper der Mutter und werden über die Plazenta (Mutterkuchen) ernährt. Das Schnabeltier gehört zu einer anderen Gruppe der Säugetiere, den Kloakentieren. Sie legen Eier. Eine weitere Gruppe, die Beuteltiere, gebären ein winziges Baby, das dann in den Beutel der Mutter klettert, wo es sich weiterentwickelt. Zu den modernen Beuteltieren gehören Kängurus, Koalas und Wombats.

Castorocauda (KAS-toro-KAU-da) fand eine andere Nische: Wie ein moderner Otter jagte er unter Wasser nach Fischen.

Spinolestes (SPI-no-LES-tes), ein eher jüngeres Säugetier, hatte sowohl Fell als auch Stacheln, gerade so wie ein Igel.

Dinosaurier heben ab

Flugsaurier waren die ersten flugfähigen Wirbeltiere. Sie mussten sich den Luftraum bald schon mit Vögeln teilen. Vögel entwickelten sich aus den theropoden Dinosauriern und sind die einzigen heute noch lebenden Saurier.

Flugunfähig, trotz Federn

Viele Theropoden waren gefiedert. *T. rex* könnte als Baby sogar Flaum gehabt haben, auch wenn er im ausgewachsenen Zustand kein vollständiges Federkleid hatte. Ursprünglich dienten Federn dazu, Körperwärme zu speichern. Das war bei kleinen Dinosauriern wie dem nur ein 1 m langen *Anchiornis* besonders nützlich, da die Wärme sonst schnell verloren ging.

Falls diese Dinosaurier Kaltblüter waren, wird das Speichern der Wärme wichtig gewesen sein, denn kaltblütige Tiere können nur bei Wärme aktiv sein. Je länger ihre Körper warm blieben, desto länger konnten sie jagen, selbst wenn sich die Luft abkühlte.

Anchiornis war vollständig mit Federn bedeckt, auch an den Hinterbeinen. Deswegen sah er aus, als hätte er vier Flügel. Wahrscheinlich bewegte er sich trotzdem nur am Boden, denn seine vorderen Flügel waren aufgrund ihrer Form nicht fürs Fliegen geeignet. Vielleicht konnte er gleiten oder mit den Flügeln schlagen, um beim Laufen Tempo aufzunehmen.

Zähne und Schwanzknochen

Auch wenn ein gefiederter Dinosaurier einem Vogel ziemlich ähnlich sehen mag, gibt es wichtige Unterschiede. Sogar der *Archaeopteryx*, der sich auf einer evolutionären Stufe zwischen Dinosauriern und Vögeln befand, unterschied sich deutlich von modernen Vögeln. Der *Archaeopteryx* hatte Schwanzknochen, während moderne Vögel nur Schwanzfedern haben. Moderne Vögel haben zahnlose Schnäbel, der *Archaeopteryx* hatte einen Kiefer mit Zähnen. Und er hatte an seinen Flügeln Finger mit Klauen. Damit konnte er nach Beute greifen oder sich an einem Baum festhalten.

Confuciusornis (KON-fuzius-OR-nis) war der erste Vogel mit einem Schnabel.

Große Vögel fliegen nicht

Soweit wir wissen, waren die frühen Vögel allesamt klein. Später entstanden einige große Exemplare, aber diese konnten wahrscheinlich nicht fliegen. Noch heute gibt es große Vögel, die flugunfähig sind, darunter der Vogel Strauß und der Emu. Sie sehen den Dinosauriern, von denen sie abstammen, recht ähnlich.

Vogelwerdung

Damit sich aus Urvögeln moderne Vögel entwickelt konnten, mussten die Urvögel ihre Schwanzknochen und Zähne verlieren, Schnäbel entwickeln, die Klauen an ihren Flügeln ablegen und einen ihrer Zehen umdrehen. Vögel haben stets mindestens einen Zeh, der nach hinten zeigt, sodass sie auf einem Ast sitzen können.

Aufbruch in die moderne Welt

Nichts ist für immer – das gilt auch für Dinosaurier. Das Ende kam für die meisten von ihnen vor 66 Millionen Jahren, als ein Meteorit in das Meer vor Mexiko stürzte. Wie bei vorherigen Massenaussterben bekamen andere Lebewesen dadurch eine Chance.

Die Säugetiere eroberten Lebensräume, in denen nun keine Dinosaurier und andere Reptilien mehr lebten. Anfangs waren sie klein, aber bald entstanden größere Arten. Sie breiteten sich auf der ganzen Erde aus. Manche kehrten sogar ins Meer zurück und entwickelten sich zu den Vorfahren der heutigen Wale und Delfine. Etwa 5 Millionen Jahre nach dem Aussterben der Dinosaurier fand ein weiterer bedeutender Umbruch statt. Das Klima wurde erst wärmer und dann kälter, bis schließlich vor etwa 34 Millionen Jahren Antarktika vereiste. Die Kontinente drifteten auf ihre heutige Position zu. Dabei entstanden Gebirgsketten in Amerika und Asien. Die Berge wirkten sich auf die Luftströme aus, das hatte mehr Regen und somit veränderte Lebensbedingungen an Land zur Folge. Die Welt von heute mit ihren Kontinenten, ihrem Klima und ihren Bewohnern entstand in den vergangenen 60 Millionen Jahren.

Tod den Dinosauriern!

Die größten Dinosaurier lebten im Jura, die berühmtesten in der Kreidezeit vor 145 bis 66 Millionen Jahren, darunter *Tyrannosaurus rex*, *Triceratops*, *Parasaurolophus* und *Ankylosaurus*. Damals gab es die größte Vielfalt an Dinosauriern.

Hungrige Jäger

Riesige und kampfeswütige Theropoden auf zwei Beinen waren die Spitzenprädatoren an Land. Zu ihnen zählten *Tyrannosaurus rex* in Nordamerika und der beinahe identische *Tarbosaurus* in Asien. Theropoden gab es in allen Größen. Sie hatten kräftige Hinterbeine, mit denen sie schnell laufen konnten, und ein schmales Maul mit scharfen Zähnen. Damit konnten sie ebenso erwachsene kleine Dinosaurier zerlegen sowie Dino-Schlüpflinge, Eidechsen und Säugetiere. Theropoden wie *Velociraptor* und *Deinonychus* wurden zwar nur 2–3 m lang, waren aber bestens ausgestattet, um ihre Beute zur Strecke zu bringen.

Tyrannosaurus rex
(TÜ-ranno-SAU-rus REX)

Spinosaurus (SPI-no-SAU-rus) übertraf mit 18 m Länge sogar *T. rex*. Er war auf die Jagd im Wasser spezialisiert. Seine Schnauze war besonders lang und schmal und seine Zähne waren glatt wie bei einem Krokodil – *T. rex* besaß dagegen gezackte, messerartige Zähne. Ob *Spinosaurus* am Ufer stand und wie ein Reiher auf Beutefische wartete oder in Flüssen schwamm, wissen wir nicht. Möglich ist beides.

Hauptsache überleben

Pflanzenfressende Dinosaurier setzten sich auf unterschiedliche Weise gegen Prädatoren zur Wehr. Der schwere, stämmige *Triceratops* hatte lange, spitze Hörner, mit denen er auch die zäheste Dinosaurierhaut durchstechen konnte.

Triceratops
(tri-ZERA-tops)

Parasaurolophus (para-SAU-ro-LO-fus) konnte sehr schnell rennen – wahrscheinlich schneller als *T. rex* – und lebte in Herden. Das verringerte für das einzelne Tier das Risiko, von einem hungrigen Theropoden verspeist zu werden.

Ankylosaurus (an-KÜ-lo-SAU-rus) war mit harten Höckern und Platten gepanzert und hatte einen keulenartigen Schwanz, mit dem er Prädatoren regelrecht umhaute.

Puzzleteil der Evolution

Therizinosaurus

Der Theropode sah mit seinen langen, säbelartigen Klauen furchterregend aus, war aber wahrscheinlich ein Pflanzenfresser. Niemand weiß, wozu seine Klauen gut waren. Vielleicht schob er damit Äste zur Seite, um besser an die Blätter zu kommen, oder er verteidigte sich damit.

Therizinosaurus
(te-ri-ZIH-no-SAU-rus)

Die Zeit ist um

Nur ein Unterwasserkrater vor der mexikanischen Küste ist von dem riesigen Meteoriten geblieben, der vor 66 Millionen Jahren auf die Erde traf. Die Dinosaurier fielen dem Einschlag zum Opfer. Aber nicht alle Tiere starben. Vögel, Schildkröten, kleine Säugetiere, Gliederfüßer, viele große Meerestiere und eine Vielzahl an Pflanzen überlebten.

Nach der Katastrophe

Nun zeigte sich, welche Organismen im Stande waren, die unmittelbaren wie auch die langfristigen Folgen zu überstehen. Dazu könnten saurer Regen, Flächenbrände und verschmutzte Luft gezählt haben. Zunächst wird es kalt gewesen sein, denn die Sonne wurde von Staub verdeckt. Dann wurde es durch steigendes Kohlendioxid in der Luft wärmer.

Heiße Tage im Wald

Vor 60 bis 50 Millionen Jahren wurde die Erde stetig und teils dramatisch wärmer. Die Meerestemperatur nahm zu, die Pole wurden eisfrei. Der Meeresspiegel stieg und es regnete viel. Die Erde war zum größten Teil von tropischen Regenwäldern bedeckt. Für Tiere und Pflanzen, die an heiße, feuchte Bedingungen angepasst waren, war das ideal.

Diacodexis (dia-ko-DE-xis) war ungefähr so groß wie heutige Eichhörnchen und lebte im Unterholz. Es konnte wahrscheinlich laufen und springen wie ein Reh und hatte einen langen Schwanz, der beim Balancieren half. *Diacodexis* war der erste Paarhufer: ein Tier, das auf seinem dritten und vierten Zeh läuft. Auch Schweine und Schafe sind Paarhufer.

Klimawandel

Die Wärme und das viele Wasser waren gut für die Pflanzen. Gewächse wie *Azolla* breiteten sich weit über die eisfreie Arktis hinweg aus. Sie speicherten Kohlendioxid, das auch nach dem Absterben der Pflanzen in ihren Überresten erhalten blieb und schließlich im Boden eingeschlossen wurde. Dadurch wurde der Luft Kohlendioxid entzogen und die Erde kühlte sich ab. Vor 35 Millionen Jahren bildete sich wieder Eis am Südpol.

Azolla (a-ZOL-la), auch Algenfarn genannt

Plesiadapis (ple-sia-DAA-pis) sah aus wie ein Lemur, lebte auf Bäumen und zählte zu den ersten Primaten: eine Gruppe höherer Säugetiere, zu der auch Menschen, Gorillas und Affen zählen.

Pakicetus (paki-ZEH-tus) war so groß wie ein Wolf und lebte in den Wäldern und an der Küste des heutigen Pakistan.

Der flugunfähige Riesenvogel ***Gastornis*** (gas-TOR-nis) wurde fast 2 m groß. Er stakte über den Boden, machte wahrscheinlich Jagd auf kleine Säugetiere oder fraß Früchte und große Nüsse, die er mit seinem mächtigen Schnabel knackte. Als die Wälder dem Grasland wichen, starb *Gastornis* aus. Er konnte nicht schnell genug rennen, um auf offener Fläche den Prädatoren zu entkommen.

Der Wasservogel ***Presbyornis*** (PRES-bi-OR-nis) war mit 1 m so groß wie ein Fischreiher. Er war ein Vorfahr der modernen Gänsevögel, hatte aber einen viel längeren Hals und längere Beine.

Auch die krokodilartigen Tiere überlebten das Massenaussterben. Der 3 m lange ***Pristichampsus*** (PRIS-ti-KAMP-sus) lauerte an Wasserläufen und schnappte sich Fische und Tiere, die zum Trinken kamen.

Sprung ins Wasser

Die Säugetiere wurden größer und variantenreicher. Einige kehrten ins Meer zurück. Aus ihnen entwickelten sich die modernen Delfine und Wale, die Luft atmen, obwohl sie im Wasser leben.

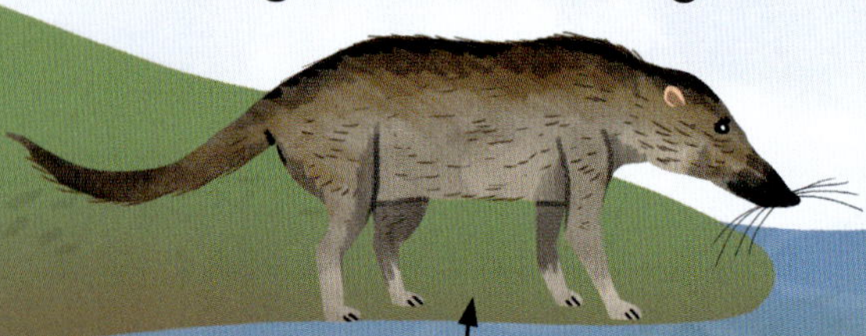

Pakicetus
(paki-ZEH-tus)

Ein ungewöhnlicher Wal

Pakicetus streifte im heutigen Pakistan die Flussufer entlang und ernährte sich von Fleisch und manchmal Fisch. Mit Fell, vier Beinen, langem Schwanz und langer Schnauze sah er wie ein landbewohnendes Säugetier aus. Aber alle diese Merkmale veränderten sich, als er nach und nach ins Wasser zurückkehrte. *Pakicetus* war der früheste Vorfahr der Wale.

Ambulocetus verbrachte zwar viel Zeit an Land, hatte aber kurze Vorderbeine und Schwimmhäute an Zehen und Fingern. Sie waren im Wasser hilfreich, an Land war die Fortbewegung damit beschwerlich. Je besser sich *Ambulocetus* an das Leben im Wasser anpasste, desto mehr Zeit verbrachte er dort, wodurch er sich noch mehr anpasste – und immer so weiter.

Ambulocetus
(ambu-lo-ZEH-tus)

Rodhocetus
(rodo-ZEH-tus)

Rodhocetus stellte den nächsten Schritt dar. Er war besser ans Schwimmen als an das Leben an Land angepasst. Weil sein großer Körper vom Wasser getragen wurde, mussten die Gliedmaßen nicht lang sein – dafür hatte er kräftige Füße mit Schwimmhäuten. Statt Fettgewebe wie bei Walen hatte *Rodhocetus* ein wärmendes Fell. Er schwamm wahrscheinlich nahe an der Wasseroberfläche.

Dorudon war den heutigen Walen schon sehr viel ähnlicher. Er war 5 m lang, glatt und stromlinienförmig. Seine Gliedmaßen waren zu winzigen Flossen geschrumpft und sein ruderartiger Schwanz war ideal, um Bewegungen unter Wasser zu steuern. *Dorudon* fraß Fische, die nah am Meeresboden lebten. Da alle Ozeane ineinander übergehen, breitete er sich rund um die Welt aus.

Die Nasenlöcher von *Dorudon* befanden sich mittig zwischen Schnauze und Stirn. Bei modernen Walen und Delfinen sind die Nasenlöcher im Laufe der Evolution zu einem einzigen Blasloch oben am Kopf zusammengewachsen. Wale und Delfine nutzen Echoortung, das heißt, sie finden ihren Weg durch die dunkle Tiefsee, indem sie Geräusche machen und auf das Echo lauschen. *Dorudon* konnte das nicht.

Aktive Anpassung

Von Zähnen zu Barten

Die größten heutigen Wale haben kleine oder gar keine Zähne. Sie ernähren sich, indem sie Wasser mithilfe eines kammähnlichen Vorhangs aus Barten filtern. Wale können sich also von dem riesigen Vorrat an winzigen Organismen am Ende der Nahrungskette ernähren und große Mengen auf einmal zu sich nehmen, ohne dafür viel Energie aufbringen zu müssen. Mit diesem Trick wurden sie immer größer.

Laub- und Grasfresser

Als die Erde wieder abkühlte, wichen die tropischen Wälder Waldgebieten und Grasland. Schon zur Zeit der Dinosaurier wuchsen erste Gräser. Vor 30 Millionen Jahren waren die tropischen Wälder auf ein Band in Äquatornähe zusammengeschrumpft und Grasflächen breiteten sich immer weiter aus.

Vom Boden essen

Die Ausbreitung des Graslands war gut für Tiere, die sich von Pflanzen am Boden ernährten – und die Tiere waren im Gegenzug gut für die Ausbreitung des Graslands. Anders als andere niedrig wachsende Pflanzen profitiert Gras davon, wenn es regelmäßig von Tieren (oder Rasenmähern) gekürzt wird. Gras breitet sich über die Wurzeln aus. Wird es gestutzt, regt dies das Wachstum an. Pflanzen, die sich nur über ihre Samen verbreiten, können sich nicht fortpflanzen, wenn die samentragenden Teile abgeschnitten werden. Während das Gras also durch grasende Tiere nur einen Haarschnitt bekam, wurden andere niedrig wachsende Pflanzen zurückgedrängt.

Hochgeschwindigkeits-Herden

Die ersten grasenden Tiere wie die frühen Pferde *Mesohippus* in Nordamerika und *Eurohippus* in Europa waren klein. Mit nur 60 cm werden sie eine leichte Beute für hundeähnliche Prädatoren wie *Hyaenodon* gewesen sein. Weite Ebenen bieten kein Versteck, also mussten sich die Grasfresser weiterentwickeln, um zu überleben. Sie bekamen längere Beine, um schnell laufen zu können, und lebten meist in Herden. Herden verringern die Gefahr für das einzelne Tier, von einem Prädator erwischt zu werden. Die langsamsten und schwächsten Tiere werden gefressen. Die stärkeren, schnelleren Tiere überleben. Sie vermehren sich und geben ihre Merkmale an Nachkommen weiter.

Große Kerle

Laubfresser ernährten sich von Büschen und Bäumen und wuchsen in den tropischen Wäldern zu enormer Größe heran. *Paraceratherium* lebte in asiatischen Waldgebieten und war das größte landbewohnende Säugetier aller Zeiten: Er war 5,5 m groß und 8 m lang. Der stämmige *Megacerops* in Nordamerika sah aus wie ein Nashorn. Er ernährte sich von niedrig wachsenden Pflanzen. Jede Tierart entwickelte einen Körper und Zähne entsprechend seiner Nahrung. Als die Wälder schrumpften und sich das Grasland ausbreitete, war das Ende der riesigen Laubfresser gekommen.

Megacerops
(mega-ZEH-rops)

Aktive Anpassung

Tschüss, Zehen!

Hufe entwickelten sich aus Zehen und Pferde zählten zu den ersten Huftieren. Über die trockenen, offenen Flächen des Graslands konnten Tiere mit Hufen schneller laufen. Mit der Zeit bildeten sich daher Hufe aus den Zehen heraus und auch die Beine wurden länger. So kamen die Pferde auf das nötige Tempo, um Prädatoren zu entkommen. In Gegenden mit weichem, nassem Boden hatten Pferde meist getrennte Zehen (Paarhufer).

Gemeinsam zum Erfolg

Grasfresser und Gräser unterstützten sich in ihrer Entwicklung. Man spricht auch von Koevolution: Ein Organismus entwickelt sich gemeinsam mit einem anderen. Blütenpflanzen entwickelten sich koevolutionär mit Insekten, die sie bestäuben.

Von Blumen und Bienen

Blütenpflanzen traten zum ersten Mal in der Kreidezeit auf, als die Dinosaurier noch lebten. Einige der Pflanzen, die damals verbreitet waren, existieren heute noch in leicht veränderter Form, etwa die Magnolie. Zusammen mit den ersten Blumen kamen auch die ersten Bienen auf.

Blütenpflanzen haben eine sogenannte Samenanlage, ein weibliches Fortpflanzungsorgan, das mit Pollen bestäubt werden muss. Da Pflanzen sich nicht selbst auf Partnersuche begeben können, muss der Pollen auf einem anderen Weg zur Samenanlage kommen. Bei Gräsern und vielen Bäumen übernimmt der Wind diese Aufgabe. Blütenpflanzen werden durch Tiere, meist Insekten, bestäubt. Pflanzen und Insekten haben sich koevolutionär entwickelt, damit das System so gut wie möglich funktioniert.

Samen säen

Eine bestäubte Blüte bildet Samen, aus der neue Pflanzen entstehen können. Es gibt unterschiedliche Möglichkeiten, Samen zu verteilen. Manche Sorten werden vom Wind weggetragen. Viele Samen wachsen im Inneren von Früchten, die von Tieren gefressen und unverdaut mit dem Kot wieder ausgeschieden werden. Andere Pflanzen haben klebrige oder stachelige Samen, die an Tieren oder Vögeln hängen bleiben und so auf Wanderschaft gehen.

Bienen haben „Pollenhöschen" an den Beinen. Damit tragen sie Pollen zu ihrem Stock, um daraus Nahrung herzustellen. Unterwegs fällt aber genug Pollen zur Bestäubung von Pflanzen ab.

Aktive Anpassung

Lange Zungen für lange Kelche

Bienen und Blüten haben teilweise genau aufeinander abgestimmte Merkmale entwickelt. Einige Bienen besitzen beispielsweise eine extralange Zunge, um an den Boden eines besonders langen Blütenkelchs zu gelangen. Je länger Kelch und Zunge werden, desto weniger müssen diese Bienen den Nektar mit anderen Insekten teilen.

Alle mal hierher!

Blüten produzieren Nektar, einen süßen Sirup, und sie haben oftmals kräftige Farben. So locken sie Bestäuber an. Viele Blüten haben auffällige Blütenzeichnungen, die Insekten den Weg ins Innere der Blüte weisen. Auf dem Weg zum Nektar berühren die Insekten die Staubgefäße, dabei bleibt Pollen an ihren Körpern hängen. Von anderen Pflanzen mitgebrachter Pollen fällt ab und bestäubt die Blume. Manche Pflanzen mit größeren Nektarvorräten und größeren Blüten werden von Vögeln oder Fledermäusen bestäubt. Fledermäuse sind nachts aktiv und Blüten, die von ihnen bestäubt werden, öffnen sich daher oft nur nachts und verströmen auch dann ihren Duft.

Auftritt der Primaten

Wir Menschen gehören zur Säugetiergruppe der Primaten, zu denen auch die Affen zählen. Die ersten Primaten lebten vor 55 Millionen Jahren und sahen völlig anders aus als wir.

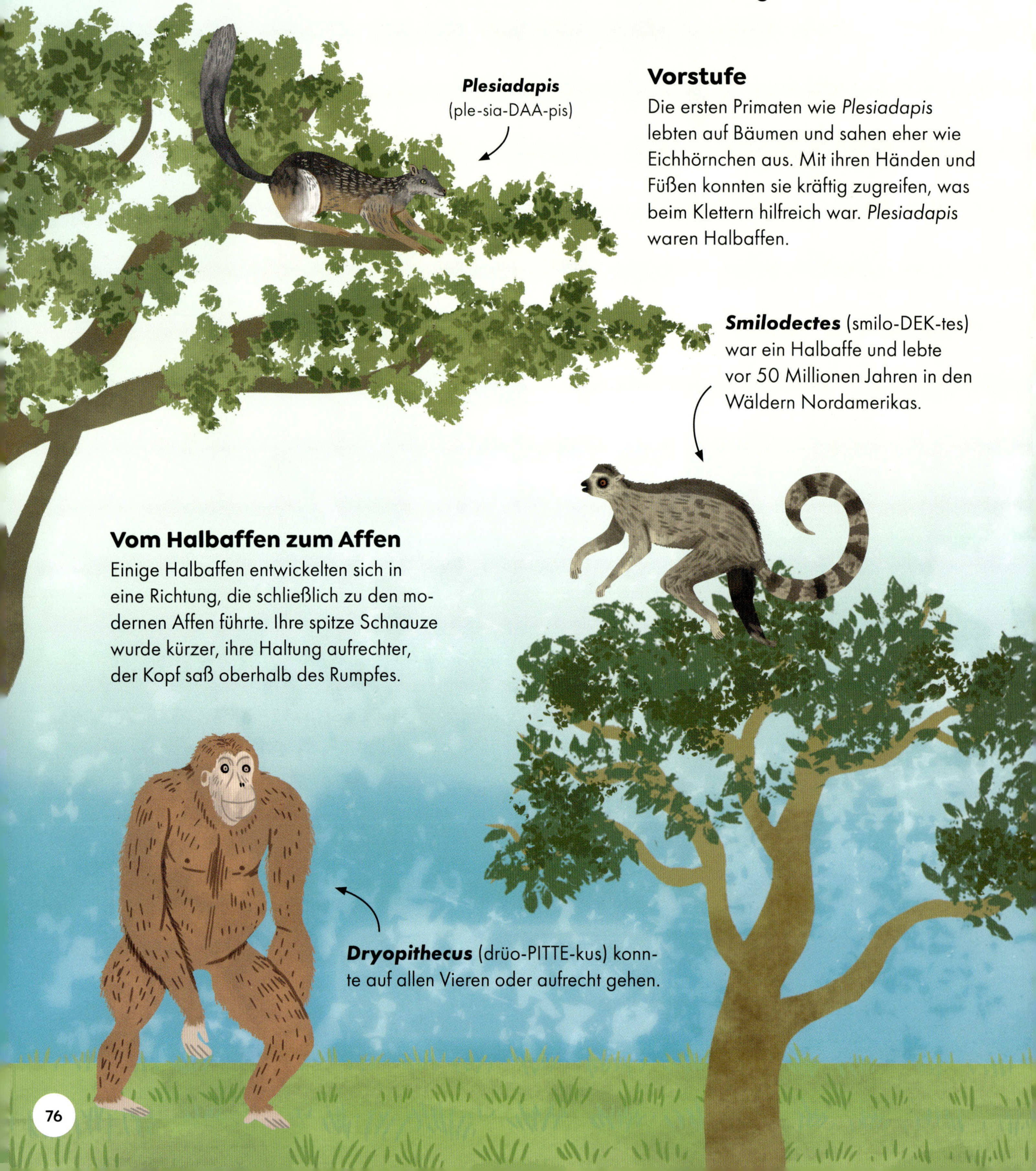

Plesiadapis
(ple-sia-DAA-pis)

Vorstufe

Die ersten Primaten wie *Plesiadapis* lebten auf Bäumen und sahen eher wie Eichhörnchen aus. Mit ihren Händen und Füßen konnten sie kräftig zugreifen, was beim Klettern hilfreich war. *Plesiadapis* waren Halbaffen.

Smilodectes (smilo-DEK-tes) war ein Halbaffe und lebte vor 50 Millionen Jahren in den Wäldern Nordamerikas.

Vom Halbaffen zum Affen

Einige Halbaffen entwickelten sich in eine Richtung, die schließlich zu den modernen Affen führte. Ihre spitze Schnauze wurde kürzer, ihre Haltung aufrechter, der Kopf saß oberhalb des Rumpfes.

Dryopithecus (drüo-PITTE-kus) konnte auf allen Vieren oder aufrecht gehen.

Leben heute

Lemuren

Lemuren, Koboldmakis und Loris sind heute lebende Halbaffen. Lemuren kommen nur auf Madagaskar vor, einer Insel vor der afrikanischen Küste. Affen haben dort nie gelebt, die Lemuren hatten also nie Konkurrenz. Sie sind tagsüber aktiv. Halbaffen in anderen Regionen der Erde sind nachtaktiv, weil dann ihre Konkurrenten, die Affen, schlafen.

Katta, eine Lemurenart

Herumtreiber

Die Affen spalteten sich vor 34 Millionen Jahren von den Halbaffen ab. Vor 30 Millionen Jahren breiteten sie sich auch nach Südamerika aus. Wahrscheinlich wurden sie auf „Flößen" aus Pflanzen und Erde dorthin getrieben. Südamerika war damals eine Insel und die Affen entwickelten sich hier eigenständig weiter. Sie hatten keine Möglichkeit, sich mit Artgenossen von anderen Erdteilen zu vermehren.

Aegyptopithecus (Ä-güpto-PITTE-kus), ein früher Altweltaffe

Vom Affen zum Menschenaffen

Vor 25 Millionen Jahren spalteten sich die Menschenaffen von den Affen ab. Menschenaffen und Affen sind sehr unterschiedlich: Affen haben einen Schwanz und laufen über Äste, Menschenaffen haben keinen Schwanz und schwingen sich von Ast zu Ast. Manche Tiere sind zwischen Affen und Menschenaffen angesiedelt und haben Merkmale von beiden.

Gigantopithecus (GI-gan-to-PITTE-kus), der größte Menschenaffe aller Zeiten

Proconsul (pro-KON-sul), ein früher Menschenaffe mit auch affenähnlichen Merkmalen, lebte in Afrika.

Isoliertes Inselleben

Den Lemuren ging es auf Madagaskar gut, weil es dort keine Affen gab, die ihnen Konkurrenz machten. Ähnliche Beispiele gibt es auch von anderen Inseln. Isoliert vom Festland schlugen viele Tierarten in ihrer Entwicklung eine ganz eigene Richtung ein.

Eine Insel namens Südamerika

Die tektonischen Platten der Erde bewegen sich im Verlauf eines Jahres um weniger als eine Handbreit. Es dauert also lange, bis ein Kontinent auseinanderbricht. Irgendwann jedoch wird die Lücke zwischen den Landmassen zu groß, als dass Tiere sie mit einem Sprung überwinden könnten, und dann zu groß, um die Strecke schwimmend zurückzulegen, und schließlich sogar zu groß, um vom einen zum anderen Ufer zu fliegen.

Bis vor etwa 30 Millionen Jahren war Südamerika mit Antarktika verbunden und Antarktika mit Australien. Nach der Abspaltung von Antarktika war Südamerika eine von tropischen Wäldern bedeckte Insel. In völliger Abgeschiedenheit entwickelten sich hier sonderbare Tiere.

Die Welt vor 50 Millionen Jahren

Macrauchenia (ma-krau-KEE-nia) war 3 m lang, hatte Nasenlöcher, vermutlich einen Rüssel, dreizehige Hufe, stämmige Beine und einen Körper wie ein Kamel. Das Tier wies Merkmale unterschiedlicher Arten auf, wie Nashorn, Kamel und Tapir.

Phoberomys (fo-BERO-mis) ähnelte einem gigantischen Meerschweinchen. Es wurde 4,5 m lang und 1,5 m groß, fraß Gras und verbrachte wahrscheinlich einige Zeit in Flüssen, obwohl Riesenkrokodile dort eine Gefahr darstellten.

Megatherium (mega-TEE-rium) war ein Riesenfaultier und wurde 6 m groß.

Argentavis (argent-A-vis), der größte flugfähige Vogel aller Zeiten, hatte eine Flügelspannweite von 6 m und segelte über die Anden.

Glyptodon (GLÜP-to-don) schleppte sich wie ein Gürteltier über das Grasland. Er war so groß wie ein Kleinwagen und sein Körper war mit einem Panzer aus knöchernen Platten bedeckt, der ihn vor Prädatoren schützte.

Thylacosmilus (tülako-SMI-lus) war ein Beuteltier mit dolchartigen Zähnen. Es ist ein gutes Beispiel für konvergente Evolution: *Thylacosmilus* ähnelte dem in Nordamerika beheimateten *Smilodon*, aber als Beuteltier stammte es von einer völlig anderen Säugetier-Linie ab.

Leben heute

Capybara

Das heute in Südamerika lebende Capybara (Wasserschwein) wird nur ein Viertel so groß wie sein früher Vorfahr *Phoberomys*. Capybaras leben in Flussnähe in dichten Wäldern, kommen aber auch im Grasland zurecht.

Capybara

Paraphysornis (para-füs-OR-nis) war ein 2 m großer „Terrorvogel", wie man die riesigen, grausamen Vögel auch nennt, die vor etwa 23 Millionen Jahren in Südamerika lebten. Mit ihren kräftigen Beinen konnten sie schnell rennen und kräftig treten. Moderne Strauße in Afrika haben sich auf die gleiche Weise entwickelt.

Ortswechsel und Umzüge

Die Affen in Südamerika entwickelten sich unabhängig von den Affen in Nordamerika, denn diese beiden Kontinente waren noch nicht miteinander verbunden. Südamerika war eine Insel. Sie begann sich erst vor etwa 14 Millionen Jahren mit Nordamerika zu verbinden.

Zusammenschluss der Länder

Zur selben Zeit, als Südamerika nordwärts driftete, wurde durch vulkanische Tätigkeiten Land vom Meeresboden hochgedrückt, so dass Inseln zwischen den beiden Kontinenten entstanden. Einige Tierarten hüpften oder schwammen von hier nach dort oder wurden von Wind oder Meer mitgetragen. Als sich vor 2–3 Millionen Jahren eine Landbrücke bildete, zogen Tiere aus dem Süden nordwärts und umgekehrt. Dieses Ereignis wird **Großer Amerikanischer Faunenaustausch** genannt.

Alles ändert sich

Es wanderten mehr Tiere von Nord- nach Südamerika ein und blieben auch dort als umgekehrt. In Südamerika gab es riesige tropische Regenwälder. Die Tiere, die sich aus dem Süden nach Nordamerika aufmachten, waren an das Leben in den Tropen gewöhnt. Auf ihrem Weg Richtung Norden stießen sie bald in Regionen vor, die zu kalt oder zu trocken für sie waren.

Koala

KOALAS AUS SÜDAMERIKA?

Beuteltiere, also Säugetiere, die ihre Jungen im Beutel tragen, entwickelten sich zunächst in Südamerika und breiteten sich dann nach Australien aus, indem sie die eisfreie Antarktika überquerten. In Australien entwickelten sie sich unabhängig weiter. Heute leben die bekanntesten Beuteltiere in Australien, darunter Koalas, Wombats und Kängurus. Nur wenige Beuteltier-Arten leben heute noch in Süamerika.

Känguru

Das Virginia-Opossum lebt in Nordamerika.

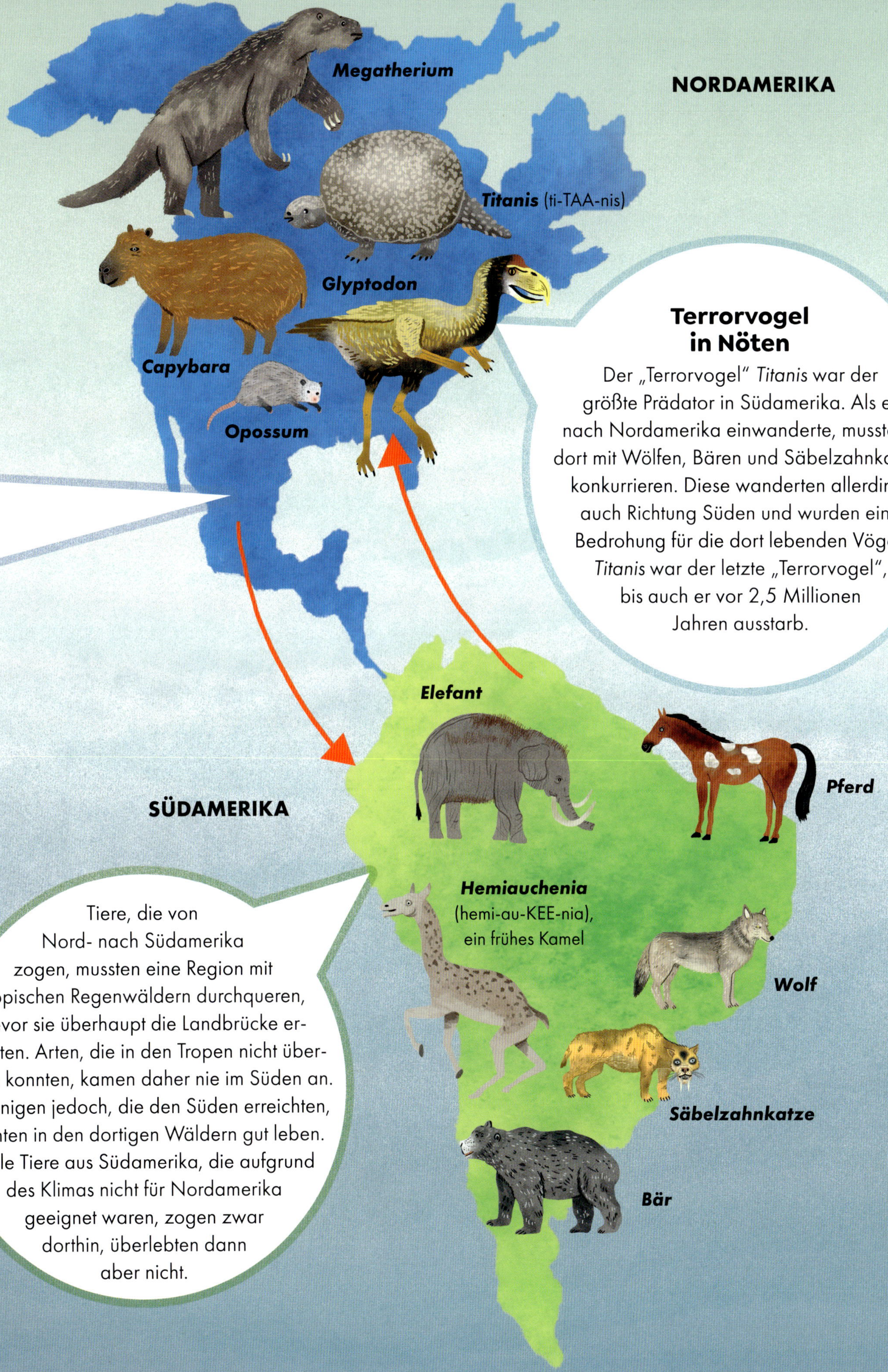

Terrorvogel in Nöten

Der „Terrorvogel" *Titanis* war der größte Prädator in Südamerika. Als er nach Nordamerika einwanderte, musste er dort mit Wölfen, Bären und Säbelzahnkatzen konkurrieren. Diese wanderten allerdings auch Richtung Süden und wurden eine Bedrohung für die dort lebenden Vögel. *Titanis* war der letzte „Terrorvogel", bis auch er vor 2,5 Millionen Jahren ausstarb.

Tiere, die von Nord- nach Südamerika zogen, mussten eine Region mit tropischen Regenwäldern durchqueren, bevor sie überhaupt die Landbrücke erreichten. Arten, die in den Tropen nicht überleben konnten, kamen daher nie im Süden an. Diejenigen jedoch, die den Süden erreichten, konnten in den dortigen Wäldern gut leben. Viele Tiere aus Südamerika, die aufgrund des Klimas nicht für Nordamerika geeignet waren, zogen zwar dorthin, überlebten dann aber nicht.

Das Zeitalter der Menschen

Weil wir Menschen sind, interessieren wir uns vor allem für den Zweig der Evolution, der zu unserer Entstehung geführt hat. Vom Standpunkt der natürlichen Selektion (Auswahl) aus betrachtet ist der Mensch allerdings nichts Besonderes.

Wären wir Schwämme oder Ameisen, Bandwürmer oder Löwen (und in der Lage, zu lesen und zu schreiben), würde uns ein anderer Zweig der Evolution mehr interessieren. In gewisser Hinsicht sind Menschen aber doch besonders: Wir hatten und haben großen Einfluss auf die Umwelt und die Evolution anderer Arten.

Seit Jahrtausenden zeichnen die Menschen ihr Leben in und mit der Natur auf. Anfangs malten sie Bilder an die Wände von Höhlen. Sie hinterließen nicht nur Fossilien wie andere Organismen, sondern auch Werkzeuge, Teile ihrer Behausungen und Mahlzeiten, später schriftliche Berichte und schließlich Fotos. Aus all dem können wir viel über die Entwicklung und den Einfluss unserer eigenen Art erfahren.

Vom Affen zum Menschen

Unter unseren Vorfahren waren die frühen Menschenaffen die Ersten, die ungefähr so aussahen und sich verhielten wie wir. Sie spalteten sich vor etwa 25 Millionen Jahren von afrikanischen Affen ab.

Runter von den Bäumen

Menschenaffen halten sich häufiger am Boden auf als Affen. Weil sie größer sind, stellen am Boden lebende Prädatoren für sie eine geringere Gefahr dar. Während Affen über Äste klettern, sind die Schultern von Menschenaffen eher dafür geeignet, sich hängend von Ast zu Ast zu schwingen. Am Boden laufen sie auf ihren Hinterbeinen und den Ballen ihrer „Hände". Die meisten Menschenaffen ernähren sich von Blättern, Rinde und Früchten und fressen nur gelegentlich ein Insekt oder kleine Tiere. Sie schlafen in einem Nest aus Blättern auf dem Boden oder auf Bäumen. Sie haben keinen Schwanz, außerdem ein flacheres Gesicht und ein größeres Gehirn als Affen.

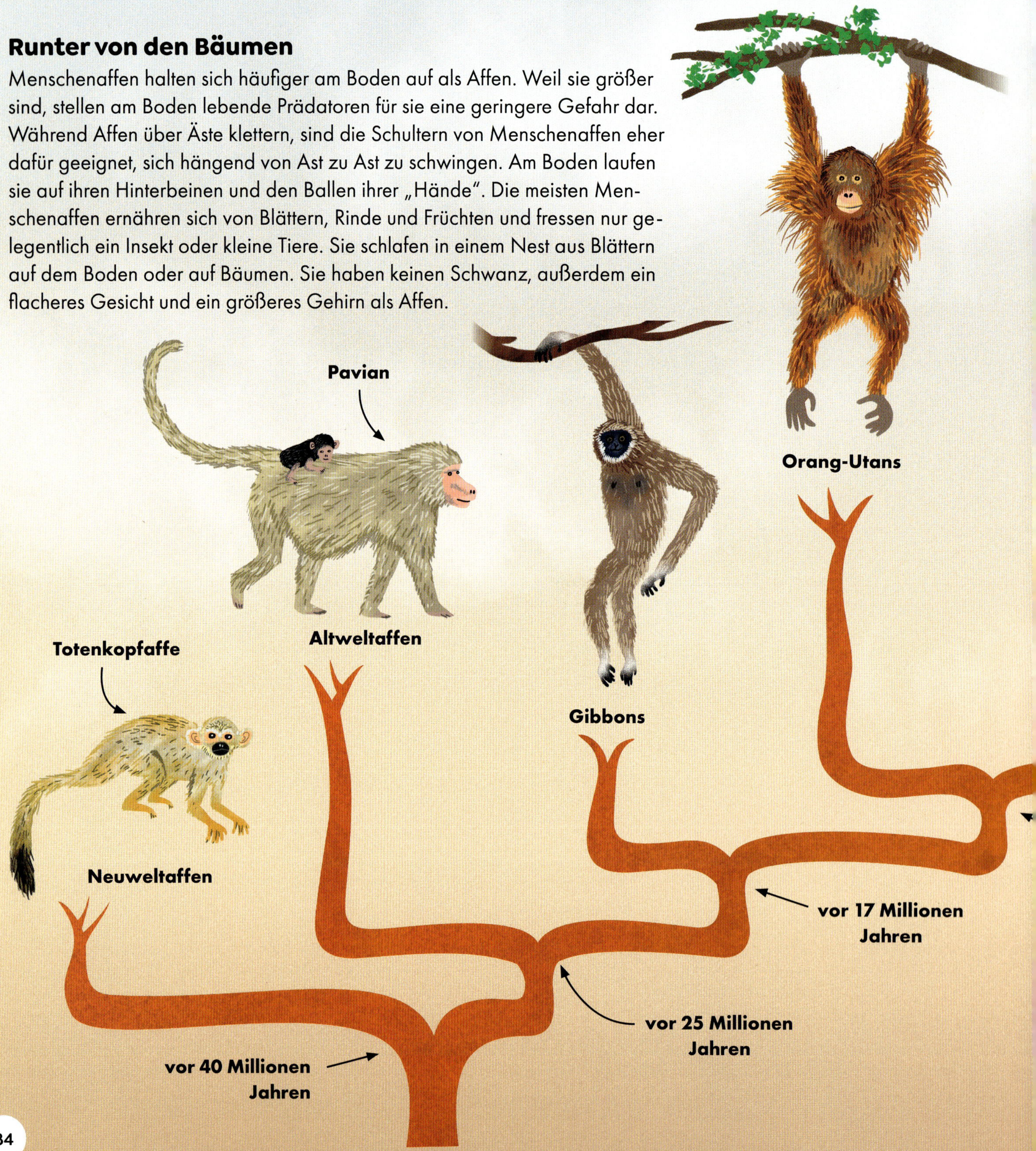

Warum gibt es noch Affen?

Manchmal wird die Frage gestellt, warum es noch Affen gibt, wenn wir uns doch aus ihnen entwickelt haben. Aber die Evolution des Menschen hat den Affen nicht ersetzt und wir stammen auch nicht von den modernen Affen ab. Menschen, Menschenaffen und Affen haben einen gemeinsamen Vorfahr. Menschen sind nicht in dem Sinne weiter entwickelt als Affen, sie haben nur einen anderen Evolutionsweg eingeschlagen, seit unser letzter gemeinsamer Vorfahr lebte.

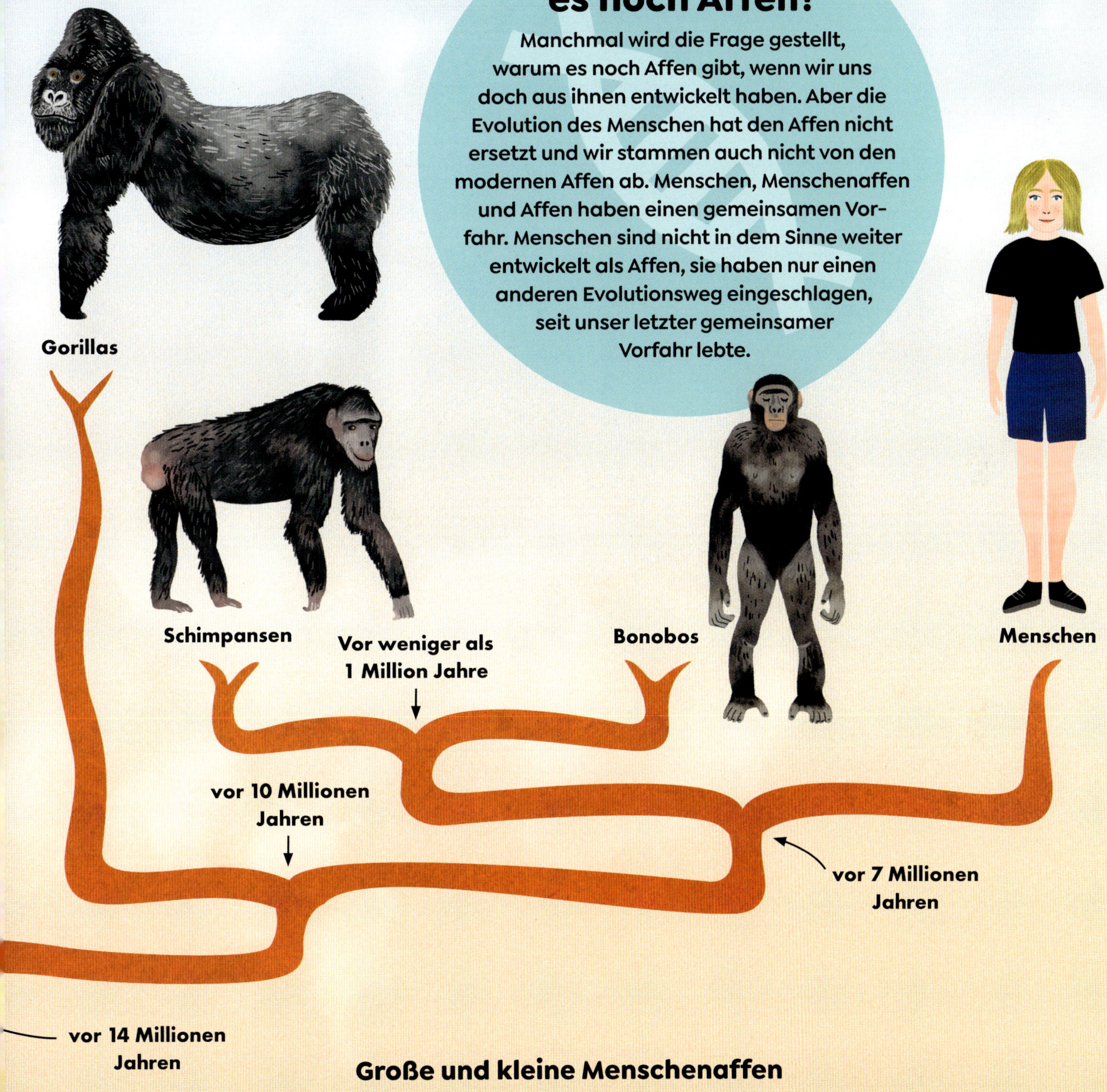

Große und kleine Menschenaffen

Menschenaffen werden heute in zwei Gruppen unterteilt: die großen und die kleinen Menschenaffen. Die kleinen Menschenaffen leben nur in Asien, die großen Menschenaffen in Afrika und Asien. Menschen leben überall auf der Erde. Gibbons zählen zu den kleinen Menschenaffen. Orang-Utans, Gorillas, Bonobos, Schimpansen und Menschen sind große Menschenaffen. Wir sind näher mit den Schimpansen verwandt als mit allen anderen großen Menschenaffen. Unser Evolutionsweg trennte sich vor 7 Millionen Jahren von dem der Schimpansen. Damals lebte unser letzter gemeinsamer Vorfahr.

Die ersten Menschen

Wir sind die einzige Menschenart, die heute noch lebt, aber es gab noch andere. Manche lebten vor unserer Zeit, manche haben eine Weile gleichzeitig gelebt.

Menschwerdung

Zwischen Menschen und anderen Menschenaffen gibt es wichtige Unterschiede, die unsere Art erfolgreich gemacht haben. Wir gehen aufrecht auf zwei Beinen, haben also die Hände frei, um Werkzeuge zu benutzen. Unser Gehirn ist größer als das anderer Menschenaffen und unsere Handform ist mehr geeignet, Werkzeuge zu benutzen, als auf Bäume zu klettern. Frühe Menschen verbrachten wahrscheinlich die meiste Zeit am Boden.

Alle Menschenarten werden unter dem Begriff „Hominini" zusammengefasst. Der früheste Beinahe-Mensch, *Sahelanthropus*, ging vor 7 Millionen Jahren erstmals auf zwei Beinen. Der erste echte Vertreter der Hominini war *Australopithecus afarensis*, der 3 Millionen Jahre später lebte. Einige Merkmale – wie das abgeflachte Gesicht und das kleine Gehirn – hatte er mit Menschenaffen gemeinsam, die nicht zu den Hominini zählen. Er ging jedoch aufrecht und hatte Zähne wie wir.

Die Gattung Homo

Der moderne Mensch wird auch *Homo sapiens* genannt. Frühere Homo-Arten beherrschten bereits einige der Fähigkeiten wie wir heute. *Homo habilis* entstand vor 2,4 Millionen Jahren in Afrika und sah erkennbar wie ein Mensch aus. Vertreter dieser Art nutzten Werkzeuge aus Stein. Funde von älteren Steinwerkzeugen lassen aber darauf schließen, dass sie damit nicht die Ersten waren. *Homo erectus* kochte als Erster Fleisch und lebte vor 1,95 Millionen Jahren bis vor 143 000 Jahren.

Homo heidelbergensis zog vor 700 000 Jahren nach Nordeuropa, errichtete Behausungen und machte mit Holzspeeren Jagd auf große Tiere. Er war der Vorfahr des *Homo neanderthalensis*, der für 160 000 Jahre zeitgleich mit dem *Homo sapiens* lebte und vor 40 000 Jahren ausstarb. Neandertaler waren die ersten Lebewesen, die Kleidung trugen, ihre Toten beerdigten und sich wahrscheinlich auch mit Sprache verständigten. Ihr Körper passte sich an das kältere Klima in Europa an: Dank kürzerer Finger und Zehen ging weniger Körperwärme verloren, die größere Nase erwärmte die Luft auf ihrem Weg zu den Lungen.

Puzzleteil der Evolution

Homo floresiensis

Die frühe Menschenart *Homo floresiensis* war außergewöhnlich klein. Sie lebte vor 190 000 bis 50 000 Jahren auf der indonesischen Insel Flores. Menschen dieser Art wurden nur etwa 1 m groß. Sie nutzten Steinwerkzeuge und möglicherweise Feuer und machten Jagd auf kleine Elefanten. Niemand weiß, warum sie so klein waren.

Wie neue Arten entstehen

Von allen Menschenarten hat nur der *Homo sapiens* überlebt. Bei anderen Gattungen leben oft mehrere Arten zur selben Zeit. Artbildung – die Entstehung unterschiedlicher Arten – kann auf verschiedene Weise geschehen.

Ausbreitung

Stell dir ein riesiges Meer oder Land mit wenigen Organismen vor. So sieht es nach einem Massenaussterben aus. Die Organismen breiten sich aus, finden verschiedene Lebensräume. Sie müssen sich unterschiedlichen Herausforderungen stellen, etwa in Bezug auf das Klima, die Landschaft oder Prädatoren. Obwohl sie alle vom selben Punkt aus gestartet sind, passen sie sich auf unterschiedliche Weise an ihre neue Umgebung an. Sie entwickeln sich zu getrennten Arten.

Trennung

Manchmal teilt sich eine Gruppe von Organismen. Vielleicht ändert ein Fluss seinen Lauf und trennt ihren Lebensraum in zwei Hälften. Vielleicht zieht ein Teil der Gruppe woandershin. Die einzelnen Gruppen entwickeln sich dann unterschiedlich. Jede hat ihren eigenen Genpool – so nennt man die Sammlung aller Gene, die innerhalb einer Gruppe verfügbar ist. Mit der Zeit werden manche Merkmale in der einen Gruppe häufiger auftreten als in der anderen, einfach per Zufall. Das bezeichnet man als Gendrift. Irgendwann sind die Gruppen so unterschiedlich, dass es sich um getrennte Arten handelt.

Ringelreihen

Gruppen, die eng miteinander verwandt sind, unterscheiden sich vielleicht nur minimal voneinander. Aber auch kleine Unterschiede können viel ausmachen. Manchmal reichen sie so weit, dass entferntere Arten sich nicht mehr miteinander fortpflanzen können. Bildet die Reihe der Arten einen Kreis, in dem die einander gegenüber liegenden Organismen keine gemeinsamen Nachkommen zeugen können, spricht man von einer Ringspezies.

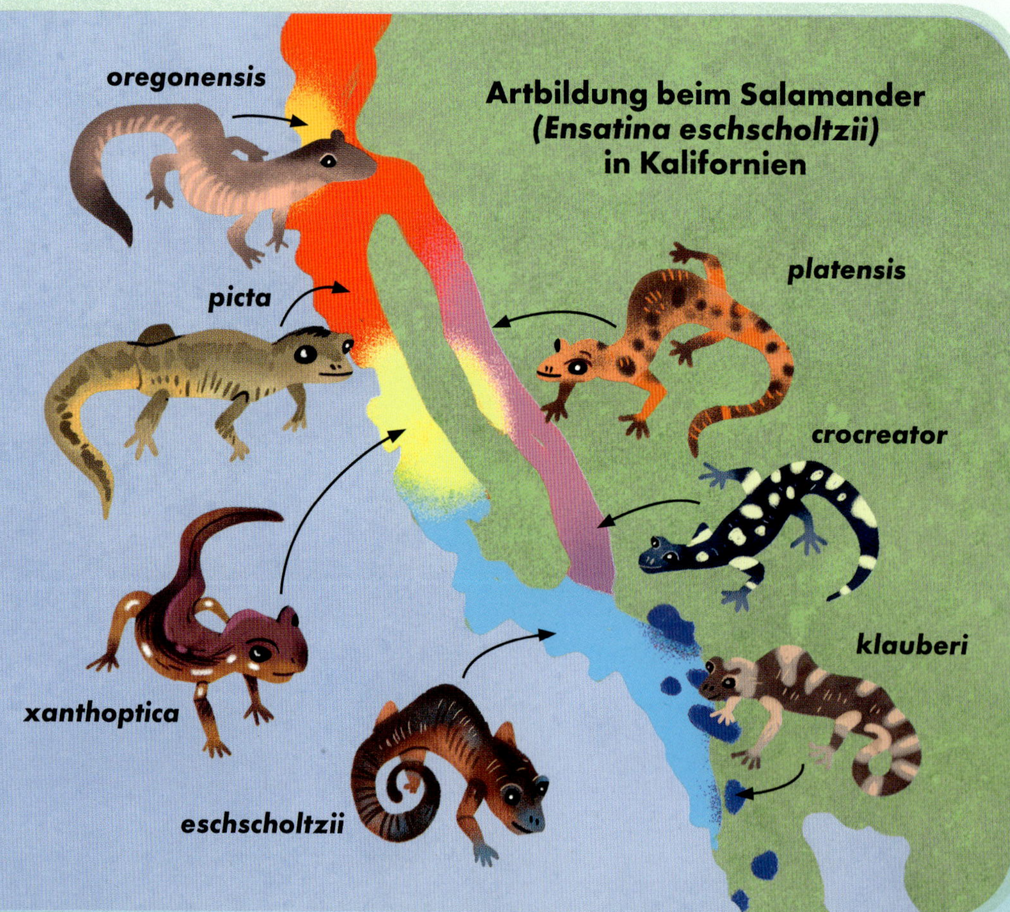

Mit Selektion zum Erfolg

Mit der Zeit treten in jeder Gruppe Veränderungen auf. Manche Organismen sind mit Merkmalen ausgestattet, durch die sie besser an ihre Umwelt angepasst sind. Sie erreichen mit größerer Wahrscheinlichkeit das Erwachsenenalter und pflanzen sich fort, so dass die positiven Merkmale weitergegeben werden. Dieser Prozess wird als natürliche Selektion (Auswahl) bezeichnet.

Viele Tiere wählen selbst die Partner aus, mit denen sie sich fortpflanzen. Sie suchen nach erfolgreichen Artgenossen, die stark und gesund wirken. Es klingt hart, aber Tiere mit einer Verletzung oder einer nachteiligen Veränderung haben geringere Chancen, einen Partner oder eine Partnerin zu finden. Diese Selektion sorgt dafür, dass Gene für Stärke und Erfolg weitergegeben werden. Man spricht hier von sexueller Selektion.

Aktive Anpassung

Märzfliegen

Märzfliegen ernährten sich in Nordamerika ursprünglich von Weißdornbeeren. Nachdem Siedler aus Europa Apfelbäume angepflanzt hatten, begann sich die Art aufzuspalten – eine Gruppe ernährte sich fortan von Äpfeln. Hier führte also eine neue Nahrungsquelle zur Artbildung.

Schau mich an!

Die sexuelle Selektion kann merkwürdige Wege einschlagen. Weibliche Pfauen bevorzugen Männchen mit langen, bunten Schwanzfedern. Aber genau diese Schwanzfedern erhöhen die Gefahr, von Prädatoren entdeckt und gefressen zu werden. Die Botschaft soll offenbar lauten: „Ich bin ein so starker/schneller/toller Vogel, dass ich sogar mit diesen Federn erfolgreich bin." Die prächtigen Schwanzfedern, im täglichen Leben ein Nachteil, sind bei der Partnersuche von Vorteil und wurden daher im Laufe der Zeit immer länger.

Von Afrika aus in alle Welt

Der *Homo sapiens* entstand vor etwa 200 000 Jahren in Afrika und begab sich vor etwa 120 000 Jahren auf den Weg in alle Welt. Zuerst breitete er sich in Vorderasien aus, dann in Südostasien, Nordasien und Europa. Australasien erreichte er vor 50 000 Jahren, Amerika vor 15 000 Jahren.

Sonnige Zeiten

Da die modernen Menschen in Afrika entstanden, waren ihre Körper gut an die dortigen Bedingungen angepasst. Sie hatten dunkle Haut, denn die ist für ein Leben unter der hellen Sonne am besten geeignet. Das dunkle Pigment Melanin schützt die Haut vor Sonnenbrand.

Unser Körper kann Vitamin D nur mithilfe von Sonnenlicht herstellen. In Afrika ist die Sonne dafür hell genug. Weiter vom Äquator entfernt ist es für dunkelhäutige Körper schwieriger, ausreichend Vitamin D zu produzieren. Unter den Menschen, die sich Richtung Norden bewegten, waren diejenigen mit hellerer Haut gesünder. Mit der Zeit wurde die Bevölkerung dort blasser, ihre Körper konnten auch mit weniger Sonnenlicht Vitamin D herstellen. Die Menschen in Äquatornähe behielten ihre dunkle Haut.

Der Neandertaler in uns

Normalerweise pflanzen sich Organismen nur mit eigenen Artgenossen fort. Aber auch einige eng verwandte Arten können gemeinsame Nachkommen zeugen. Löwen und Tiger können gekreuzt werden, auch Pferde und Esel (ihre Nachkommen – Maulesel und Maultier – sind allerdings nicht fortpflanzungsfähig). *Homo sapiens* und Neandertaler konnten sich miteinander vermehren und taten das auch. Gen-Analysen zeigen, dass der moderne Mensch immer noch einen kleinen Anteil an Neandertaler-Genen in sich trägt. Diese Gene wurden vom *Homo sapiens* weitergegeben, die Neandertaler starben vor 40 000 Jahren aus.

Gleich und doch verschieden

Wir Menschen gehören alle derselben Art an: *Homo sapiens*. Aber wir sehen alle ein wenig unterschiedlich aus. Dunkle Haare und Augen werden auch durch Melanin erzeugt, gehen also oft mit dunklerer Haut einher. Menschen, die nach Nordeuropa und Nordasien zogen, bekamen mit der Zeit hellere Haut, Haare und Augen, da die Menge an Melanin in ihren Körpern sank. Anderes Aussehen deutet nicht auf grundlegende Unterschiede zwischen Menschen hin – es zeigt, wie sich Menschen an die Bedingungen der Region angepasst haben, in der sie leben.

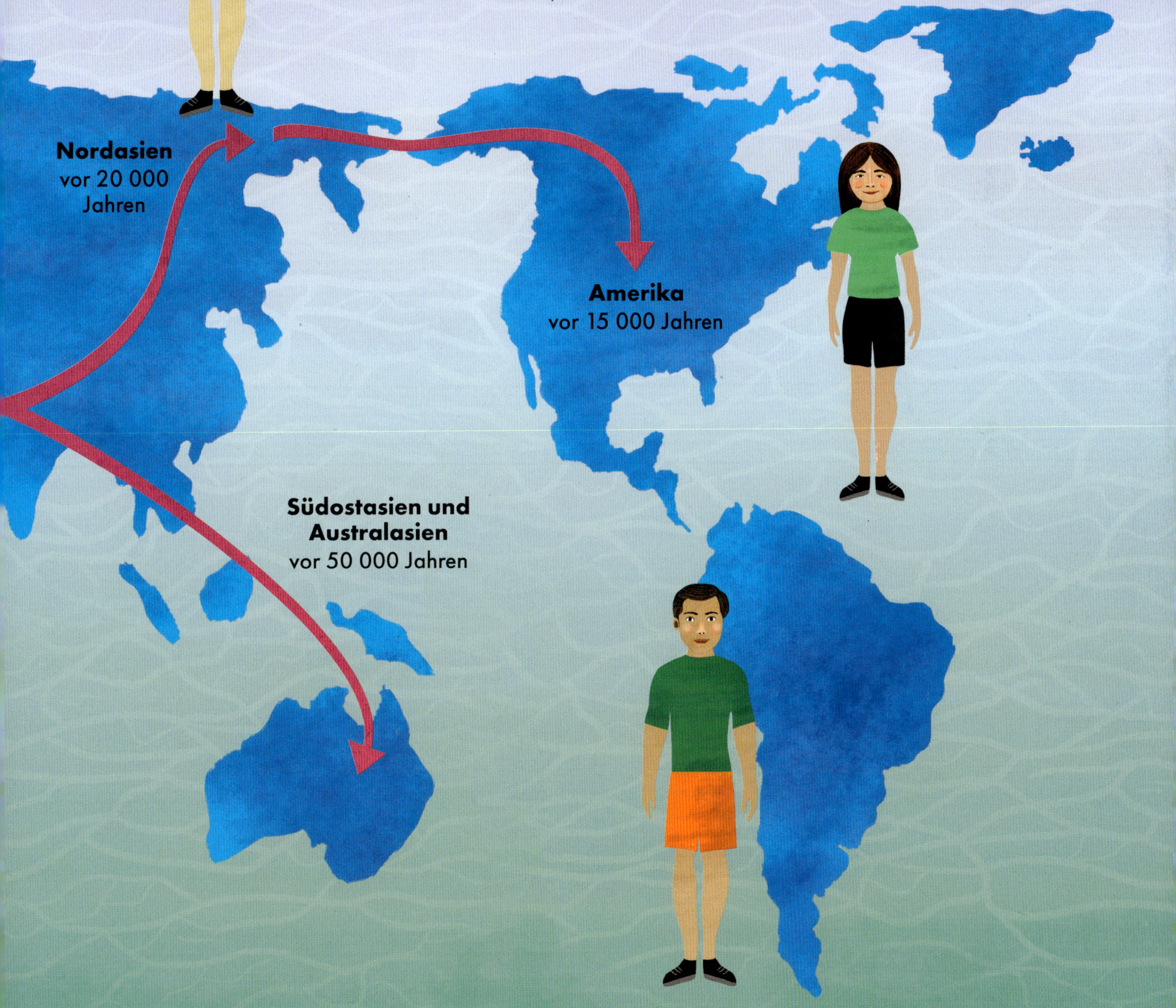

Gute oder schlechte Eltern?

Die evolutionäre Entwicklung beeinflusst nicht nur den Körperbau, sondern auch das Verhalten von Lebewesen – zum Beispiel, ob sie einen oder mehrere Partner haben und ob sie sich um ihren Nachwuchs kümmern. Wie sich ausgestorbene Tiere verhalten haben, ist oft schwer zu sagen, denn die meisten Verhaltensweisen hinterlassen keine Spuren.

Wie viel Nachwuchs darf's denn sein?

Um erfolgreich zu sein, muss ein Organismus seine Gene per Fortpflanzung an die nächste Generation weitergeben. Und die Jungen müssen überleben, um ihrerseits ihre Gene weiterzugeben. Damit das gelingt, können Organismen entweder sehr viele Nachkommen produzieren, so dass die Wahrscheinlichkeit groß ist, dass zumindest ein paar überleben. Die meisten Pflanzen wählen diese Strategie und bilden viele Samen. Alternativ können Organismen mehr Zeit und Energie in die Aufzucht einer kleineren Anzahl von Nachkommen stecken. Auch das steigert die Überlebenschancen.

Leckerbissen

Im Gegensatz zu Pflanzen können sich viele Tiere zwar um ihren Nachwuchs kümmern, aber manche tun es dennoch nicht. Frösche produzieren viel Froschlaich – damit ist die Sache für sie erledigt. Aus den Eiern, die nicht von Fischen gefressen werden, entwickeln sich Kaulquappen. Diese sind für Fische, Wasservögel und Reptilien aber ebenfalls ein Leckerbissen. Nur wenige Kaulquappen überleben daher und wachsen zu Fröschen heran.

Gut behütet

Andere Tiere achten mehr auf ihre Eier. Tilapia, ein Fisch aus der Familie der Buntbarsche, trägt seine Eier im Maul, um sie zu beschützen. Vögel sind besonders fürsorgliche Eierleger: Sie bauen ein Nest und brüten ihre Eier aus. Das heißt, sie sitzen darauf, um sie warmzuhalten, bis die Küken schlüpfen.

Aktive Anpassung

Dinosaurier-Nester

Bei den Dinosauriern kümmerten sich einige Arten ausdauernd um ihre Jungen. Von Nestern des *Maiasaura*, der vor 77 Millionen Jahren lebte, sind Fossilien erhalten geblieben. Sie zeigen, dass die Jungtiere nach dem Schlüpfen im Nest blieben und versorgt wurden.

Maiasaura
(MA-ja-SAU-ra)

Küken des **Wiedehopfs** sind auf ihre Eltern angewiesen.

Früh- und Spätentwickler

Jungtiere brauchen je nach Art unterschiedlich viel Zuwendung. Manche Vogelküken haben beim Schlüpfen schon Federn und können sofort laufen und picken, andere sind anfangs noch nackt und müssen von ihren Eltern gefüttert werden.

Hühnerküken können nach dem Schlüpfen selbst auf Nahrungssuche gehen.

Fürsorgliche Eltern

Alle Säugetiere produzieren Milch für ihre Jungen. Einige tun noch viel mehr. Junge Rehe, Kühe und Pferde sind zwar anfangs noch wackelig auf den Beinen, können aber bald schon laufen. Der Nachwuchs anderer Säugetiere ist völlig hilflos. Katzen und Hunde kommen blind zur Welt. Manche Junge bleiben jahrelang bei ihren Eltern (so wie Menschenkinder es tun).

Elefanten produzieren bis zu 4 Jahre lang Milch für ihre Jungen.

Eine Erde für alle

Wir Menschen haben uns den Planeten schon immer mit anderen Organismen geteilt, von den Mikroben, die in und um uns leben, bis hin zu den Pflanzen und Insekten, Säugetieren, Vögeln und Fischen. Der Umgang des Menschen mit anderen Lebewesen ist allerdings einzigartig.

Megafauna

In Nordeuropa, -asien und -amerika trafen Menschen auf die sogenannte Megafauna – große Tiere wie Höhlenbären, *Smilodon*, Wollnashörner, Riesenbiber, Riesenhirsche, elefantenartige Mastodonten und Wollhaarmammuts. In Australien gab es riesige Kängurus, Beutellöwen und *Diprotodon*, ein Wombat in Nilpferdgröße. In Amerika lebten Menschen ebenso wie Riesenvögel, *Glyptodon* und große Bodenfaultiere.

Für immer verschwunden

Viele dieser Arten starben vor etwa 12 000 Jahren aus, nachdem sie Millionen Jahre lang existiert hatten. Der Mensch trug mit der Jagd dazu bei, aber das Klima dürfte auch eine Rolle gespielt haben. Kaltzeiten, in denen das Eis sich weit über die Pole hinweg ausbreitete, wechselten sich mit wärmeren Perioden ab, in denen sogar die Pole eisfrei waren.

Mensch und Tier

Frühe Menschenarten machten Jagd auf Tiere, aber nicht nur das. Sie entzündeten Feuer, rodeten Wälder und veränderten ihre Umwelt auf eine Weise, wie es zuvor noch keine andere Art getan hatte. Aus den Fellen und Häuten ihrer Beute stellten sie Kleidung her, mit der sie an kälteren Orten überleben konnten, aus den Knochen fertigten sie Werkzeuge. Sie schnitzten oder malten auch Bilder von der Tierwelt.

Glyptodon
(GLÜP-to-don)

Zu heiß zum Leben

Tierarten der Megafauna, die wie Wollnashorn und Mammut an ein kaltes Klima angepasst waren, starben wahrscheinlich aus, als sich die Erde erwärmte. Während einer Kaltzeit können sich wärmeliebende Arten Richtung Äquator bewegen. Kälteliebende Tiere hingegen können in warmen Perioden nirgendwohin ausweichen. Wenn Pflanzenfresser aussterben, sterben Fleischfresser und Aasfresser oftmals auch aus.

Riesiger Höhlenbär

Hungrige Menschen

Die frühen Menschen ernährten sich von Fleisch und Fisch, Früchten, Samen und anderen Pflanzenteilen. Die Obst- und Gemüsesorten, die wir heute kennen, gab es damals noch nicht. Sie sind über Jahrtausende hinweg durch gezielte Züchtung des Menschen entstanden.

Wettlauf der Evolution

Manche Arten entwickeln sich koevolutionär und helfen sich gegenseitig. Andere treten gegeneinander an und versuchen, sich im Kampf ums Überleben zu übertreffen.

Jäger gegen Beute

Viele Prädatoren und Beutetiere verfolgen dieselbe Strategie und werden dabei immer härter, schneller, besser. Meeresschnecken haben ein hartes Gehäuse und Krebse haben kräftige Scheren, um dieses zu knacken. Also wird das Gehäuse noch härter – und die Scheren noch kräftiger.

Raffinierte Tricks

Manche Tiere haben eine Tarnung – Federn, Fell, Schuppen oder Haut in Farbtönen oder Mustern, die sie fast unsichtbar machen. Flundern etwa verschmelzen fast mit dem sandigen Meeresboden, Eisbären sind im Schnee schwer zu erkennen. Fledermäuse jagen Insekten im Dunkeln mithilfe von Echoortung. Sie stoßen sehr hohe Töne aus und können anhand des Echos darauf schließen, wo sich ihre Beute befindet. Ein Nachtfalter aus der Familie der Bärenspinner hat eine Möglichkeit entwickelt, selbst Töne auszusenden, die die Fledermäuse irritieren.

Wer ist der Größte?

Im Wettstreit unter den Bäumen dreht sich alles um Platz und Licht. Schon vor 300 Millionen Jahren konkurrierten Bäume wie *Lepidodendron* und *Synchsidendron* miteinander. So kam es, dass beide immer höher wuchsen, damit sich ihre Zweige optimal ausbreiten konnten.

Aktive Anpassung

Der listige Kuckuck

Kuckucke legen ihre Eier in die Nester anderer Vögel, damit fremde Eltern sie ausbrüten und die Küken großziehen. Manche Vögel haben Verteidigungsstrategien gegen den Kuckuck entwickelt: Sie werfen Eier, die zu groß sind oder anders aussehen, aus dem Nest. Der afrikanische Kuckucksweber passt daher sogar die Schalenfarbe seiner Eier an die der Adoptiveltern an.

Unempfindlich gegen Krankheiten

Mikroben entwickeln sich schnell weiter, auch diejenigen, die Krankheiten verursachen. Sie reagieren auf die Veränderungen im befallenen Organismus, selbst wenn sie mit Medikamenten bekämpft werden. Verändert sich eine Mikrobe durch Mutation so, dass ihr das Medikament nichts mehr anhaben kann, überlebt sie und gibt ihre Mutation weiter. Dann entstehen mehr und mehr sogenannte resistente (widerstandsfähige) Mikroben.

Parasit und Wirt

Parasiten leben auf oder in anderen Organismen (ihrem Wirt). Sie können so winzig sein wie eine Mikrobe oder so groß wie ein 30 m langer Wurm. Die Mistel ist eine parasitäre Pflanze. Sie wächst auf Bäumen und nimmt Wasser und Nahrung von ihrem Wirt.

Manche Parasiten beeinflussen das Aussehen oder Verhalten ihrer Wirte. Ein parasitärer Wurm, der eine tropische Ameisenart befällt, verändert den Körper der Ameise so, dass sie wie eine rote Beere aussieht und Vögel darauf aufmerksam werden. Frisst ein Vogel die Ameise, wird der Parasit mit dem Vogelkot wieder ausgeschieden und kommt so erneut zu den Ameisen, die die Samen im Kot fressen.

Mensch und Wandel

Kaum ein Lebewesen hat so großen Einfluss auf die Umwelt genommen wie der Mensch. Wir haben Wälder gerodet, Flüsse begradigt, Tier- und Pflanzenarten durch Landwirtschaft und Züchtung verändert und so über Jahrtausende hinweg unsere Lebenswelt gestaltet.

Ein Zuhause schaffen

Frühe Menschen fällten mit Steinäxten Bäume und brannten mit Feuern Unterholz nieder. Dadurch zerstörten sie den Lebensraum anderer Organismen. Vor 12 000 Jahren begannen Menschen, Behausungen zu errichten, Pflanzen anzubauen und Tiere zu halten. Für die Landwirtschaft bewässerten sie die Felder. Um die Bewässerung zu kontrollieren, bauten sie Kanäle. Sie vernichteten unerwünschte Pflanzen und töteten Tiere, die ihre Ernte oder Herde bedrohten. All das reduzierte die Vielfalt der Arten.

Veränderte Landschaft

Die Rodung von Wäldern verändert das Klima und den Wasserkreislauf. Das hat Folgen für andere Lebewesen. Die Landwirtschaft wirkt sich auf die Beschaffenheit des Bodens und auf die Organismen in der Erde aus. Wenn nur noch eine Pflanze angebaut wird, müssen die Pflanzenfresser sich entweder anpassen oder einen neuen Lebensraum suchen – oder sie sterben aus.

Veränderte Tiere

Menschen halten Tiere, um Fleisch, Milch, Wolle oder Fell zu gewinnen oder damit sie uns bei der Jagd helfen oder uns beschützen. Wir halten nur Tiere, die einen Nutzen für uns haben. Schafe, Ziegen, Kühe und Schweine waren die ersten Nutztiere. Hunde (anfangs noch Wölfe) sollten die Herden vor Prädatoren schützen. Die domestizierten, das heißt gezähmten, Tiere begannen sich zu verändern und sich ihrem neuen Lebensstil anzupassen.

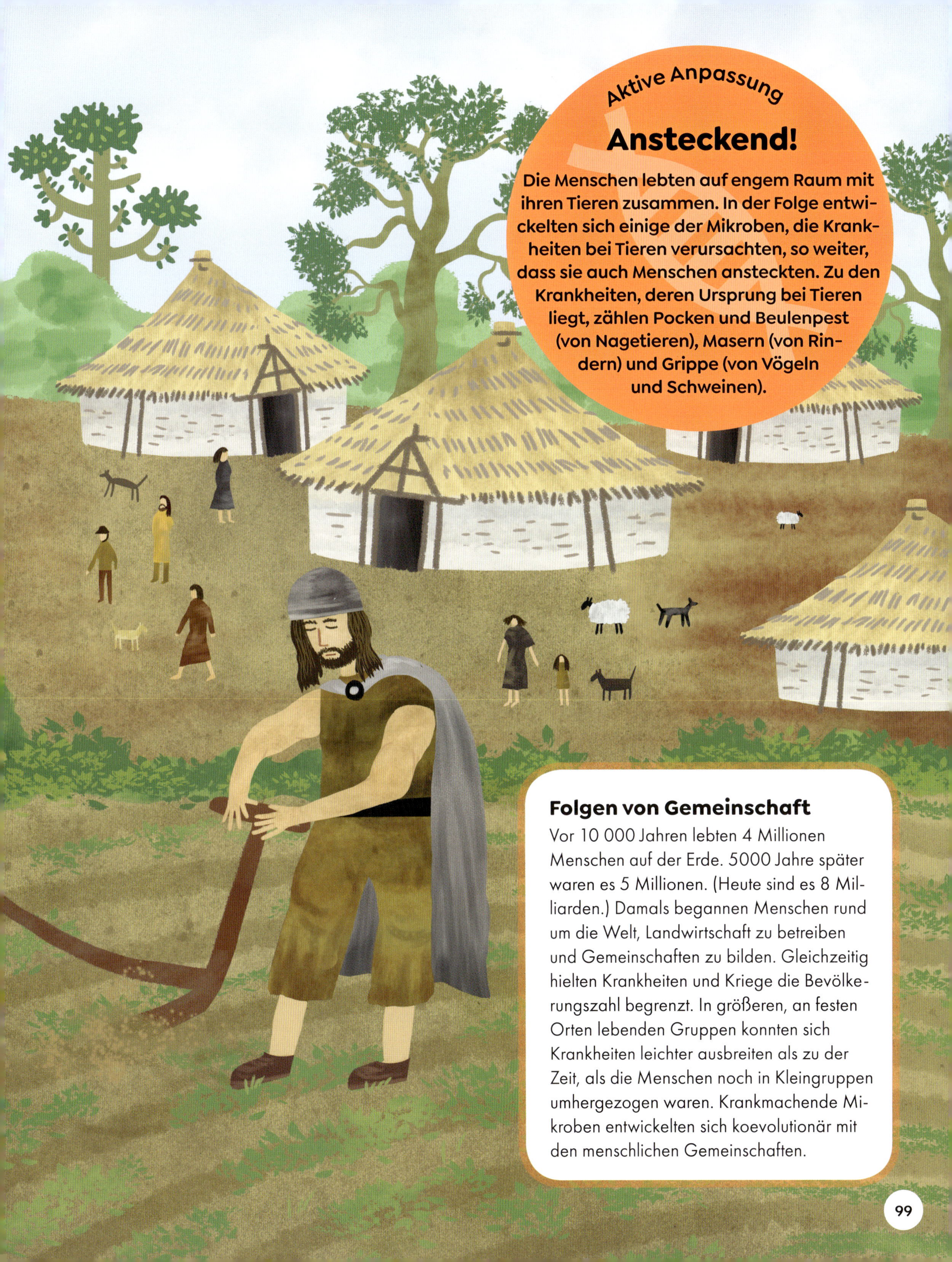

Aktive Anpassung

Ansteckend!

Die Menschen lebten auf engem Raum mit ihren Tieren zusammen. In der Folge entwickelten sich einige der Mikroben, die Krankheiten bei Tieren verursachten, so weiter, dass sie auch Menschen ansteckten. Zu den Krankheiten, deren Ursprung bei Tieren liegt, zählen Pocken und Beulenpest (von Nagetieren), Masern (von Rindern) und Grippe (von Vögeln und Schweinen).

Folgen von Gemeinschaft

Vor 10 000 Jahren lebten 4 Millionen Menschen auf der Erde. 5000 Jahre später waren es 5 Millionen. (Heute sind es 8 Milliarden.) Damals begannen Menschen rund um die Welt, Landwirtschaft zu betreiben und Gemeinschaften zu bilden. Gleichzeitig hielten Krankheiten und Kriege die Bevölkerungszahl begrenzt. In größeren, an festen Orten lebenden Gruppen konnten sich Krankheiten leichter ausbreiten als zu der Zeit, als die Menschen noch in Kleingruppen umhergezogen waren. Krankmachende Mikroben entwickelten sich koevolutionär mit den menschlichen Gemeinschaften.

Überall ist Evolution

Sei etwa 200 Jahren beschäftigen wir Menschen uns damit, was die Evolution eigentlich ist. Erst seit Kurzem haben wir eine Fähigkeit ausgebildet, die keine andere Art besitzt: Wir können die Evolution bis zu einem gewissen Grad beeinflussen. Für viele Arten hatte und hat der Einfluss des Menschen allerdings negative Folgen.

Wir haben Lebensräume zerstört und die Umwelt verschmutzt, Arten ausgerottet und die Vielfalt der Natur reduziert. Wir haben die Entwicklung von Arten manipuliert, Nutzpflanzen erzeugt und Tiere domestiziert. Mit der Genforschung ist es möglich geworden, völlig neue Organismen zu erschaffen, aber auch Krankheiten zu heilen. Wie klug gehen wir mit dieser Fähigkeit um?

Zucht und Ordnung

Nutzpflanzen und -tiere sind nicht von selbst entstanden. Wir haben sie gezüchtet. So sind Arten mit Eigenschaften entstanden, die unseren Bedürfnissen entsprechen.

Die Natur bändigen

Als die Menschen anfingen, Tiere zu halten und Pflanzen anzubauen, begannen sie gleichzeitig auch, diese zu verändern. Sie zähmten Wölfe für die Jagd und wählten Tiere für die Zucht aus, bis nach und nach der Hund entstand. Es gibt heute verschiedene Rassen, die aber immer noch derselben Art, dem Hund, angehören. Andere Arten wurden als Nutztiere gehalten, um Milch, Eier und Fleisch zu bekommen. Auch hier wurden immer die besten Exemplare ausgewählt. Dies nennt man selektive Züchtung.

Nur die Besten

In der Landwirtschaft behalten Bauern die Samen der besten Pflanzen zurück, um sie im nächsten Jahr auszusäen. Auf diese Weise kann die gesamte Ernte die Merkmale der besten Pflanzen bekommen.

In der Tierzucht sorgt der Mensch dafür, dass sich die besten Tiere miteinander vermehren. Er kreuzt die beiden Schafe mit der besten Wolle, dann deren beste Nachkommen und so weiter. Das verstärkt die entsprechenden Gene in der Herde und mit der Zeit haben die Schafe immer bessere Wolle. Die Selektion richtet sich nicht mehr nach der Überlebensfähigkeit der Tiere in der Natur, sondern nach ihrem Nutzen für den Menschen.

Größere Körner, bitte!

Keine der modernen Obst-, Gemüse- und Getreidesorten entspricht noch ihrem Urzustand. Sie wurden alle über hunderte oder tausende Jahre hinweg zurechtgezüchtet. Immer größer, saftiger, aromatischer und süßer sollten sie sein. Die ursprüngliche Maispflanze ähnelte Weizen und Weizen sah anfangs eher aus wie Gras. Möhren waren einmal dünne, harte Wurzeln. Auch viele Früchte waren kleiner.

Aktive Anpassung

Eier zu Ostern

Heutige Hühner legen das ganze Jahr über Eier. Auch das ist ein Ergebnis der selektiven Züchtung, denn ursprünglich taten sie das nicht. Für Vögel in der Wildnis wäre es auch nicht vorteilhaft gewesen, immerzu Eier zu produzieren. Wie andere Vögel brüteten sie ihre Eier im Frühling aus, damit es die Küken im Sommer warm hatten und sie genug Nahrung finden konnten, bevor der Winter kam.

Gut für uns

Was gut für uns ist, ist nicht immer gut für andere Organismen. Das moderne Hausschaf produziert so viel Wolle, dass es in der Wildnis kein gesundes Leben mehr führen könnte. Manche Hunderassen entsprechen einem modischen Trend und haben daher ein besonders flaches Gesicht, das aber die Atmung erschwert, oder ihre Beine sind so kurz, dass sie nicht mehr jagen könnten. Die Obst- und Gemüsesorten, die wir anbauen, sind größer, als sie eigentlich sein müssten, um sich erfolgreich fortzupflanzen.

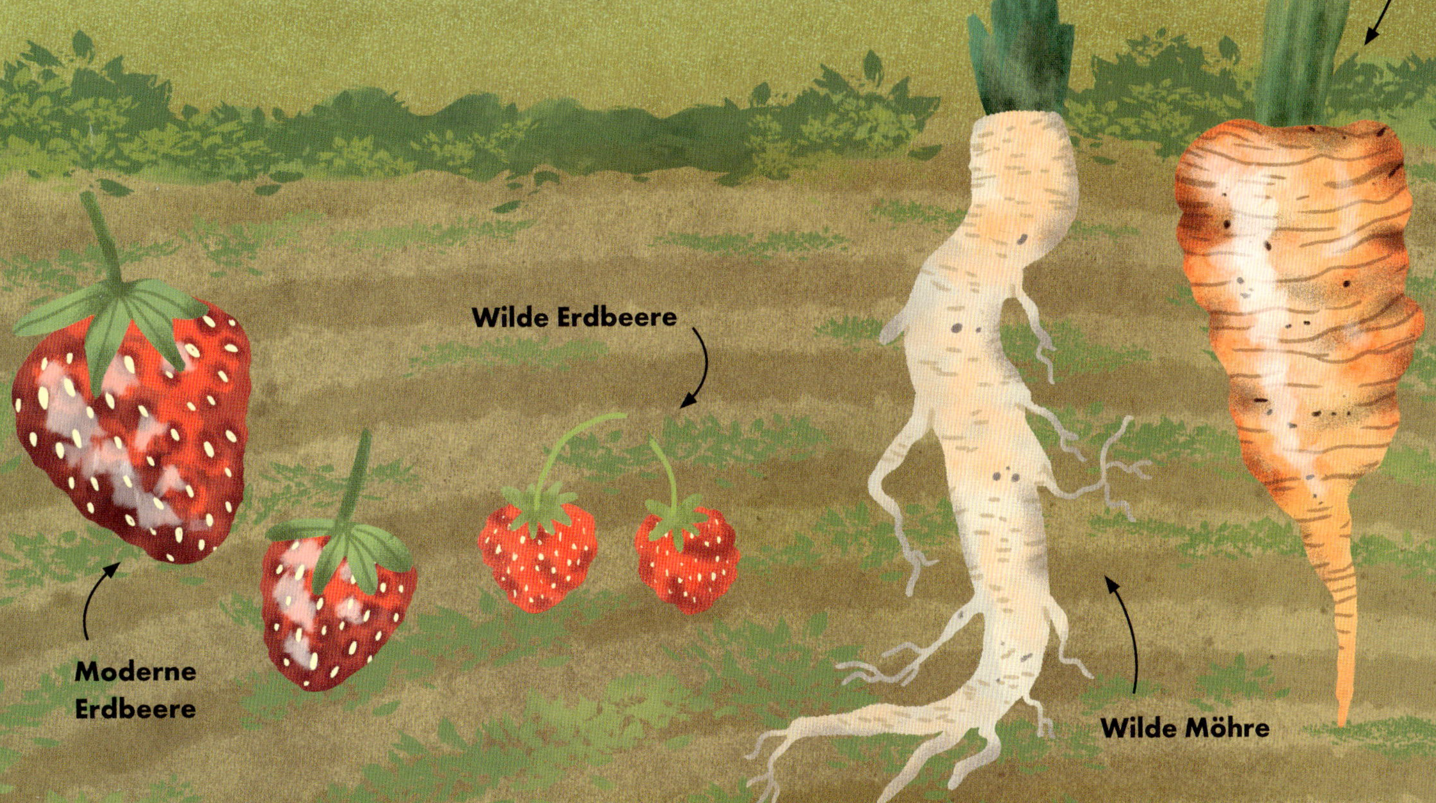

Und jetzt alle zusammen!

Die Evolution findet nicht nur bei einzelnen Individuen statt. Manche Organismen arbeiten in Gruppen zusammen. Dieses Teamwork begann schon bei den ersten mehrzelligen Organismen: Gruppen von Zellen lebten und arbeiteten zusammen. Einige spezialisierten sich, um bestimmte Aufgaben in der Zellgemeinschaft zu übernehmen.

Arbeitsteilung

Als die Menschen in größeren Gemeinschaften sesshaft wurden, teilten sie die Aufgaben unter sich auf. Einige gingen auf die Jagd, andere kochten Essen, stellten Kleider oder Waffen her, pflegten Kranke oder zogen Kinder groß.

Auch Tiere teilten verschiedene Rollen unter sich auf. Sie entwickelten sogar besondere körperliche Merkmale für ihre Aufgaben. Du kannst frei wählen, ob du Ärztin, Bauer, Politikerin oder Musiker werden willst – eine Biene wird als Arbeiterin, als Drohne oder als Königin geboren. Ihr Körper entspricht ihrer jeweiligen Funktion.

Eine(r) für alle

Tiere, die in Gemeinschaften zusammenleben, werden als eusozial bezeichnet. Unter den Ameisen, Termiten, Bienen und Wespen finden sich zahlreiche eusoziale Arten. Sie leben in einem Bau oder Nest und arbeiten alle für das Wohl der Gemeinschaft.

Im Bienenstaat legt eine einzige Königin alle Eier. Sie ist die Mutter der gesamten Kolonie. Die anderen Weibchen sind unfruchtbar, sie können sich nicht fortpflanzen. Sie verteidigen als Soldatinnen den Bienenstock oder sind Arbeiterinnen und sammeln Nahrung, widmen sich dem Nestbau oder kümmern sich um den Nachwuchs. Die Männchen, Drohnen genannt, befruchten die Eier. Sie können keine andere Arbeit verrichten.

Tierstädte

Eusoziale Insekten zählen zu den erfolgreichsten Tieren der Welt. In Südamerika fressen Blattschneiderameisen mehr Blätter als alle pflanzenfressenden Säugetiere zusammen. Im Südwesten der USA leben mehr Ameisen und Termiten als andere Tiere. Termitenkolonien können aus Millionen von einzelnen Mitgliedern bestehen. Manche Termitenhügel werden jahrhundertelang bewohnt und können sehr groß werden.

Aktive Anpassung

Unterirdische Kolonie

Die meisten eusozialen Tiere sind Insekten. Der Nacktmull, ein Nagetier, zählt jedoch zu den Säugetieren. Er lebt in einem komplexen System aus unterirdischen Bauten. Eine einzige Königin und eine kleine Anzahl zeugungsfähiger Männchen pflanzen sich miteinander fort. Die restlichen Tiere halten die Bauten instand, gehen auf Nahrungssuche und kümmern sich um die Jungen. Die Arbeiterinnen sind unfruchtbar, aber nicht für immer. Stirbt die Königin, werden bei einem der Weibchen die Hormone für Fruchtbarkeit aktiv und es tritt die Nachfolge an.

Mein Platz, dein Platz

Die Region, in der eine Art lebt, wird auch als ihr Verbreitungsgebiet bezeichnet. Bei manchen Organismen ist das Gebiet sehr begrenzt, bei anderen wiederum riesig.

Diese Baumfinken haben einen kurzen, breiten Schnabel, mit dem sie nach Insekten schnappen.

Bleib, wo du bist!

Die meisten landbewohnenden Arten haben ein begrenztes Verbreitungsgebiet. Es hängt ab vom Klima, von der Verfügbarkeit an Nahrung, der Landschaft (Flüsse, Berge oder Meere können den Weg in andere Gebiete abschneiden) oder der Menge an Prädatoren oder Konkurrenten. Manche Tiere gehen auf Wanderschaft, um ihrem bevorzugten Klima oder ihrer Nahrung zu folgen. Weißstörche überwintern in Afrika und fliegen für den Sommer nach Europa. Sie haben zwei Verbreitungsgebiete – je nach Saison.

Die Vogelgruppe der Darwinfinken lebt isoliert auf den Galapagos-Inseln und stammt von samenfressenden Grundfinken ab, die ursprünglich in Südamerika lebten. Auf den Galapagos-Inseln entwickelten sich verschiedene Arten unabhängig voneinander. Jede Art bildete einen speziellen Schnabel aus, der an die jeweils verfügbare Nahrung angepasst war. Dabei entwickelten die Arten ähnliche Schnabelformen, deren Nahrung auch ähnlich war. Mittlerweile gibt es 14 unterschiedliche Arten.

Zuhause ist's am schönsten

Die Verbreitung von Arten wird durch die verfügbare Nahrung oder das Klima eingeschränkt. Kakteen mögen es heiß und trocken, sie werden nie in kalten oder nassen Regionen zu finden sein. Pandas ernähren sich von Bambus, leben also in Bambuswäldern.

Ändert sich das Klima, sind manche Organismen gezwungen, sich einen anderen Wohnort zu suchen oder sich anzupassen. Lebewesen, die eine kalte Umgebung brauchen, müssen sich in Richtung der Pole bewegen. Für Organismen, die bereits dort leben, wird es dann eng.

Aktive Anpassung

Es wird wärmer

Durch die Erderwärmung verändert sich das Verbreitungsgebiet vieler Organismen. Während kälteliebende Arten Richtung Norden ziehen, vergrößert sich das Verbreitungsgebiet wärmeliebender Arten. Moskitos, die gefährliche Krankheiten wie Malaria übertragen, breiten sich von Afrika nach Europa aus, wo sie vorher nicht überlebt hätten.

FINKEN UND IHRE SCHNABELFORMEN AUF DEN GALAPAGOS-INSELN
Mangrove-Darwinfink
Mangrove-Darwinfinken und Spechtfinken haben längere Schnäbel. Sie nutzen Zweige als Werkzeug, um an Raupen in Bäumen zu gelangen.
Spechtfink
Dickschnabel-Darwinfink
Dieser Schnabel eignet sich, um Knospen, Blüten, Blätter und Samen zu fressen.
Waldsängerfink
Diese Finken haben einen schmalen Schnabel, mit dem sie nach Insekten bohren.
Kokosfink
Großer Kaktusfink
Kaktusfinken ernähren sich von den Samen und anderen Teilen der Kakteen.
Kaktus-fink
Spitzschnabel-Grundfink
Grundfinken picken Samen vom Boden.

Vorwärts!

Organismen entwickeln sich weiter, wenn sie durch Veränderungen in ihrer Umwelt dazu gezwungen werden. Ändern sie sich nicht schnell genug, sterben sie aus.

Zwei der gleichen Art

Birkenspanner, eine Schmetterlingsart, kommen in Großbritannien und Irland in zwei Formen vor. Normalerweise haben sie weiße Flügel mit schwarzen Sprenkeln. Eine mutierte Form hat aber schwarze Flügel. Tagsüber sitzen die hellen Birkenspanner auf Baumstämmen und sind dort von Prädatoren nur schwer zu entdecken. Die dunklen Exemplare fallen schneller auf und werden häufiger gefressen.

Verwandlungskünstler

Im 19. Jahrhundert färbte der Ruß aus Fabrikschornsteinen die Bäume in den Städten schwarz. Deswegen fielen die hellen Birkenspanner stärker auf. Es dauerte nicht lange, bis die dunklen Birkenspanner die Mehrheit bildeten. Im Verlauf des 20. Jahrhunderts reduzierten die Fabriken den Ruß, die Bäume wurden nicht mehr geschwärzt und die hellen Spanner breiteten sich wieder vermehrt aus.

Spurensuche

Um das Jahr 1900 existierten in der englischen Industriestadt Manchester mehr dunkle Birkenspanner als helle. Wissenschaftler fanden heraus, dass die dunkle Färbung durch eine seltene Mutation bei einem Exemplar entstanden war, das um 1819 geschlüpft war. Dieser Birkenspanner vermehrte sich erfolgreich, sodass weitere dunkle Nachkommen entstanden. Durch die Untersuchung von Variationen des veränderten Gens konnte man errechnen, vor wie vielen Generationen es mutiert war.

Schleichend oder plötzlich?

In der Wissenschaft ist man sich nicht darüber einig, ob die Evolution in einem langsamen, gleichmäßigen Tempo vorangeht oder ob sie eine Zeitlang stillsteht und plötzlich einen großen Sprung nach vorne macht, um dann wieder eine Weile stillzustehen. Ändern sich Organismen also ganz allmählich, aber stetig oder geschehen große Änderungen plötzlich?

Alles wie immer

Sind Organismen gut an die Bedingungen ihres Verbreitungsgebiets angepasst, können sie über einen langen Zeitraum hinweg weitgehend gleich bleiben oder sich durch Gendrift mehr oder weniger zufällig langsam verändern. Der Teufelsfarn wächst in Ostasien und Nordamerika und ist seit mindestens 180 Millionen Jahren bis heute unverändert.

Teufelsfarn

Zeugen gesucht

Schreitet die Evolution langsam und gleichmäßig voran, ist in den Entwicklungsphasen genügend Zeit für die Entstehung von Fossilien. Macht sie einen Sprung, entsteht eine Lücke in der fossilen Geschichte. Dann gibt es Fossilien aus der Zeit vor der Veränderung und danach, aber keine von Organismen, die während des Entwicklungsschubs lebten. Lange Zeit wurden keine Fossilien aus der Phase gefunden, die zwischen den Fischen und den landbewohnenden Lebewesen stattfand. Fossilien von „Landfischen" haben diese Lücke geschlossen.

Das große Artensterben

Wir erleben derzeit das sechste Massenaussterben. Dieses Mal ist es von einer einzigen Art verursacht worden: dem Menschen. Die Geschwindigkeit, mit der Organismen aussterben, ist 100- bis 1000-mal höher, als zwischen den einzelnen Massenaussterben bisher üblich war, und sogar 10- bis 100-mal höher als bei bisherigen Massenaussterben.

Eingeschleppt

Menschen haben nicht nur durch Jagd und Rodung Schaden angerichtet. Rund um die Welt haben sie auch Lebewesen an neue Orte mitgenommen – manchmal mit furchtbaren Folgen. Eine fremde Art, die in eine Gegend eingeschleppt wird und sich dann dort ansiedelt, wird auch invasive Art genannt. Oftmals hätten diese Arten den Weg in ihre neue Heimat niemals allein gefunden. Einige invasive Arten sind für das Aussterben heimischer Arten verantwortlich.

Frühe Menschen töteten Tiere, um Fleisch, Fell und Knochen zu erhalten. Aus den Knochen von erlegten Mammuts bauten sie gelegentlich Hütten.

Adieu, Dodo

Schweine, Hunde, Ratten, Kaninchen und andere Tiere wurden von Menschen in fremde Länder mitgenommen und löschten dort heimische Tierarten aus. Der Dodo, ein flugunfähiger Vogel, lebte einst auf der Insel Mauritius. Sein Aussterben wurde durch die Jagd und durch Ratten verursacht, die an Bord von Schiffen auf die Insel gelangt waren. Pflanzen, Insekten und krankmachende Mikroben reisen als „blinde Passagiere" mit den Menschen um die Welt, oftmals ganz ohne Absicht.

Im Nordatlantik wurden pazifische Austern gezüchtet. Da das Meer für diese Austernart zu kalt war, um außerhalb der Zuchtbetriebe zu überleben, schien das eine sichere Sache zu sein. Aber im Zuge der Erderwärmung ist die Wassertemperatur gestiegen. Nun können die pazifischen Austern im offenen Meer überleben und bedrohen die dort heimische Austernart.

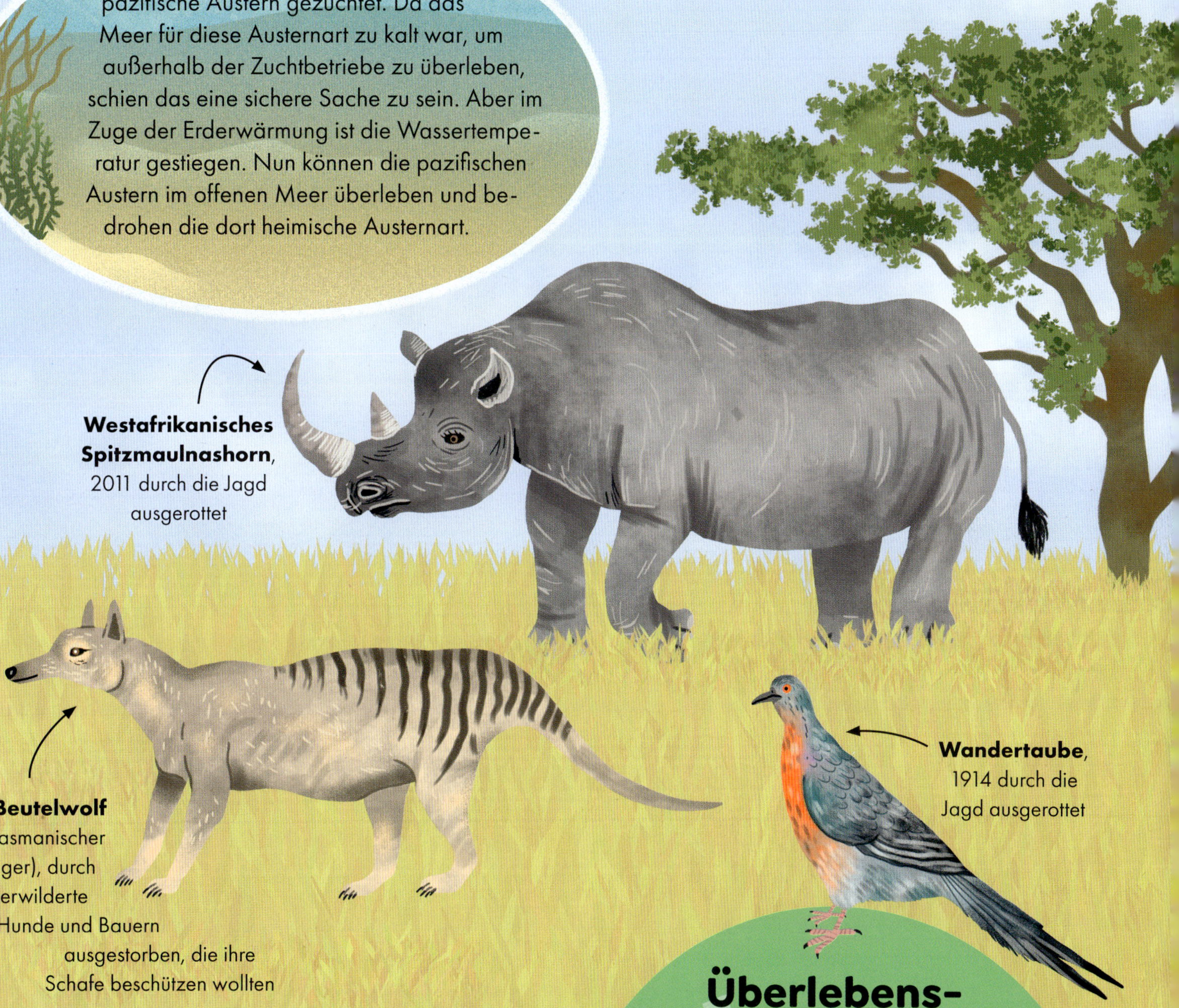

Westafrikanisches Spitzmaulnashorn, 2011 durch die Jagd ausgerottet

Beutelwolf (Tasmanischer Tiger), durch verwilderte Hunde und Bauern ausgestorben, die ihre Schafe beschützen wollten

Wandertaube, 1914 durch die Jagd ausgerottet

Die Umwelt und wir

Auch durch Umweltverschmutzung haben Menschen großen Schaden angerichtet. Giftige Chemikalien in der Luft, im Wasser und in der Erde töten Organismen. Der Chinesische Flussdelfin, der im Fluss Jangtsekiang lebte, ist mittlerweile wahrscheinlich ausgestorben – 1999 lebten nur noch 13 Exemplare. Die Delfine wurden versehentlich durch moderne Fischfangmethoden getötet. In anderen Regionen der Welt haben Menschen riesige Regenwaldgebiete und Korallenriffe zerstört, beides sind wichtige Lebensräume für hunderttausende Arten.

Überlebens-spezialisten

1986 ereignete sich im Atomkraftwerk von Tschernobyl in der Ukraine ein schwerer Unfall. Das Gebiet rund um den Reaktor wurde radioaktiv verseucht. Seitdem leben dort keine Menschen mehr, aber Pflanzen und Tiere haben sich wieder angesiedelt. Manche Arten haben die Fähigkeit entwickelt, mit der Strahlung zu leben. Eine Form des Schimmelpilzes *Cladosporium* gedeiht nun am besten auf radioaktiven Oberflächen.

Gentechnik und ihre Folgen

Wir Menschen haben heute Möglichkeiten, in die Evolution einzugreifen. Wir können nicht nur Organismen erschaffen, die unseren eigenen Zwecken dienen, sondern sogar die menschliche DNA verändern und damit die Möglichkeiten der Natur überschreiten.

Eingriff in die DNA

Seit dem 20. Jahrhundert nutzen die Menschen die sogenannte Gentechnik, um in die DNA von Organismen einzugreifen. Die DNA einer befruchteten Eizelle zu verändern bedeutet, dass alle Zellen des heranwachsenden Organismus verändert werden. Mithilfe der Gentechnik können Organismen erzeugt werden, die auf natürlichem Wege nicht entstanden wären – beispielsweise, indem man Gene verschiedener Arten kombiniert, die sich normalerweise nicht miteinander paaren würden.

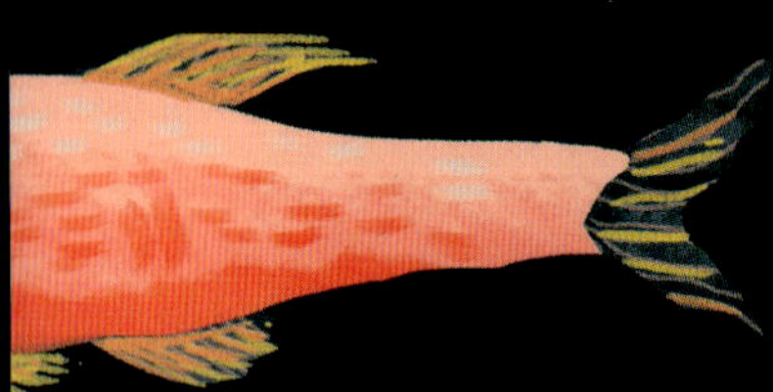

Designer-Gene

Anfangs wurden Organismen durch den Austausch bestimmter Gene verändert. So entstanden Pflanzen, die weniger anfällig für Krankheiten sind oder unter ungünstigeren Bedingungen leben können. „Goldener Reis", eine gentechnisch veränderte Reissorte, enthält mehr Nährstoffe als gewöhnlicher Reis. Es wurden sogar Mäuse gezüchtet, die im Dunkeln leuchten, weil sie der Forschung nützen. Bei einem neueren gentechnischen Verfahren werden nur winzige Teile eines Gens ausgetauscht. Eines Tages könnten wir in der Lage sein, Gene zu „reparieren" und so Erbkrankheiten zu heilen oder das Wachstum von Krebszellen zu stoppen.

Gentechnisch veränderte fluoreszierende Fische (GloFish®)

Nützlich und unnütz

Mikroben können mithilfe von Gentechnik in kleine „Fabriken“ verwandelt werden, die Substanzen für uns Menschen erzeugen. Eine Bakterienart wurde beispielsweise so verändert, dass sie Insulin produzieren kann. Diabetiker brauchen Insulin, um ihren Blutzuckerspiegel zu regulieren und gesund zu bleiben. Es gibt Ziegen, die in ihrer Milch Spinnenseide produzieren, und Bananen, in denen Wirkstoffe für Medikamente heranwachsen. Gentechnik kann auch für unwichtige Dinge verwendet werden. Menschen haben schon fluoreszierende Fische erzeugt, ein verstorbenes Haustier geklont und blaue Rosen gezüchtet.

Aktive Anpassung

Afrikanisierte Honigbiene

1956 wurden speziell gezüchtete Bienen nach Brasilien eingeführt, um die Honigproduktion anzukurbeln. Es handelte sich um eine Kreuzung aus europäischen und afrikanischen Honigbienen. Im Jahr darauf entkamen 26 Bienenschwärme. Sie ließen sich in Süd- und Nordamerika nieder und verdrängten in einigen Gegenden die heimischen Arten. Afrikanisierte Honigbienen sind aggressiv und gefährlich, da sie ihren Stock sehr energisch verteidigen. Über 1000 Menschen fielen ihnen schon zum Opfer.

Die Uhr zurückdrehen

Mit den Möglichkeiten der Gentechnik könnten wir vielleicht ausgestorbene Arten wieder zum Leben erwecken. Ob wir das auch tun sollten, ist eine andere Frage.

Wie im Kino

Der Kinofilm „Jurassic Park" basiert auf der Idee, Dinosaurier aus ihrer DNA wieder zu erschaffen, und zwar mithilfe von Stechmücken, die in Jahrmillionen alten Bernstein eingeschlossen sind und noch Dinosaurierblut aufweisen. Bei Bernstein handelt es sich um Baumharz, das sich im Laufe der Zeit verhärtet. Es können zwar Organismen darin eingeschlossen sein, auch Insekten oder Teile von Dinosauriern. Aber aus diesen Fossilien kann man keine Dinosaurier erzeugen. DNA zerfällt zu schnell und es existiert keine Dinosaurier-DNA mehr, die wir nutzen könnten.

In den USA versuchen Forscher, aus Hühnerembryos Tiere zu schaffen, die zumindest so aussehen wie Dinosaurier. Wie alle Vögel sind Hühner mit den Dinosauriern verwandt. Ihre DNA enthält immer noch Dinosaurier-Gene, aber diese sind „abgeschaltet". Die Forscher wollen sie wieder „anschalten" und so Hühner mit Dino-Schwänzen, -Zähnen und anderen typischen Merkmalen erschaffen.

Die kurze Rückkehr des Pyrenäensteinbocks

Der letzte Pyrenäensteinbock wurde im Jahr 2000 durch einen umgestürzten Baum getötet. Zuvor hatten Wissenschaftler dem Tier Zellen entnommen. Damit produzierten sie einen Klon, der in einer Ziege heranwuchs. Das Steinbockkitz wurde geboren, starb aber nach 7 Minuten an Lungenversagen. Es war der erste Versuch, das Aussterben einer Tierart rückgängig zu machen.

Ausgestorben – aber nur ein bisschen?

Eines Tages wird es vielleicht möglich sein, Tiere ins Leben zurückzuholen, deren Aussterben nicht so lange zurückliegt wie das der Dinosaurier. Mit gut erhaltener DNA könnten wir dann das Wollhaarmammut, den Beutelwolf, das Quagga und sogar den Dodo wiederauferstehen lassen. Das Wollhaarmammut ist eng mit dem Elefanten verwandt, aber besser an kaltes Klima angepasst: Es hat ein dickes, zotteliges Fell, kann dank eines speziellen Stoffes in seinem Blut Kälte aushalten und auch die kleinen Ohren reduzieren den Wärmeverlust. Indem die Wissenschaft Gene für diese Merkmale in die Elefanten-DNA verpflanzt, soll ein Elefanten-Mammut mit allen Mammut-Merkmalen erzeugt werden.

Tote auferwecken

Noch können wir ausgestorbene Tiere nicht zurückholen und wir sollten uns fragen, ob das überhaupt eine gute Idee wäre. Forschende sehen darin eine Herausforderung, sie wollen mehr über die Genetik und die Organismen erfahren. Aber die Tiere würden in einer veränderten Welt leben. Die Bedingungen, die ihr Aussterben verursacht haben, könnten nach wie vor bestehen. Ihre bevorzugte Nahrung könnte nicht mehr vorhanden sein, ihr Lebensraum verschwunden. Wo würde der *Triceratops* des 21. Jahrhunderts leben? Ist es fair, ausgestorbene Arten zurückzuholen? Viele praktische und ethische Fragen müssen hier bedacht werden.

Wie geht's weiter?

Die Evolution wird weitergehen, solange es Leben auf der Erde gibt. Sogar gerade in diesem Moment entwickeln sich Menschen und andere Arten weiter.

Die Zukunft ist offen

Die Erde hat in der Vergangenheit mehrere Massenaussterben überstanden und wird das zweifellos auch in Zukunft tun, ob nun der Mensch oder etwas anderes der Auslöser ist. Das Leben ist immer wieder zurückgekehrt: nach einer kompletten Veränderung der Atmosphäre und des Klimas, nach katastrophalen Vulkanausbrüchen und nach einem gewaltigen Meteoriteneinschlag. Der Klimawandel, mit dem wir jetzt konfrontiert sind, wurde durch uns Menschen verursacht und dürfte viele Arten auslöschen, vielleicht auch uns. Aber das Leben wird zurückkehren. In der Vergangenheit war es auf der Erde die meiste Zeit viel wärmer als heute. Doch der derzeitige Wandel geht schneller voran als jemals zuvor.

Vielleicht können wir den Schaden beheben, den wir angerichtet haben, oder ihn zumindest begrenzen, bevor es zur Katastrophe kommt. Dann können auch in Zukunft noch Menschen erforschen, welche wunderbaren Wege die Evolution geht.

Aktive Anpassung

Motten, die Plastik fressen

Menschen produzieren Plastikmüll, der für viele Organismen gefährlich ist. Vielleicht entwickeln sich einige Lebewesen aber auch so weiter, dass sie einen Nutzen daraus ziehen. 2017 entdeckte ein Forscherteam in Spanien Raupen der Wachsmotte *Galleria mellonella*, die Plastiktüten fraßen. Es muss erst noch erforscht werden, ob sie das Plastik wirklich abbauen können, und es bräuchte eine Menge Raupen, um unseren gesamten Plastikmüll zu beseitigen – aber bei der Evolution geht es schließlich um Anpassung.

Neue Planeten, neue Menschen

Auch die Menschheit wird sich verändern und sich an neue Lebensräume anpassen – wie auch immer die aussehen werden. Immerhin haben wir uns auch daran gewöhnt, auf dem Boden zu leben statt auf Bäumen. Sollten die Menschen jemals auf einen anderen Planeten umziehen, werden sie sich dort eventuell zu einer neuen Art weiterentwickeln. Dann könnte es wieder mehrere Arten der Gattung Homo gleichzeitig geben.

Zeitleiste der Evolution

Aus den frühesten einfachen Lebensformen haben sich Pflanzen und Tiere entwickelt. Millionen unterschiedliche Arten bevölkern die Erde. Durch Veränderung, Anpassung und Ausbreitung ist es den Organismen gelungen, jeden Winkel unseres Planeten zu erobern.

Archaeen, seit 3,8 Mrd. Jahren

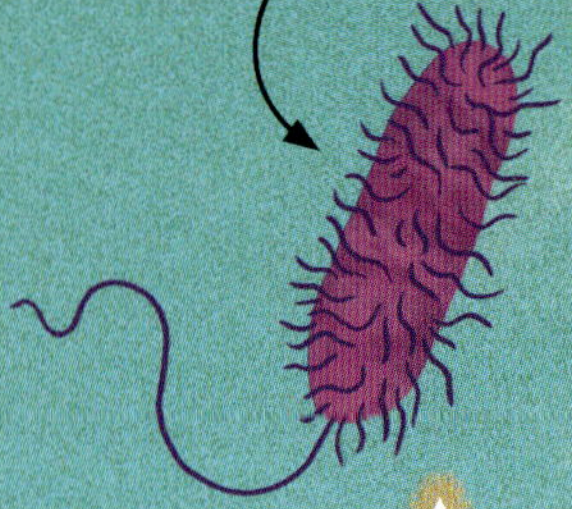

Cyanobakterien, seit 3,5 Mrd. Jahren

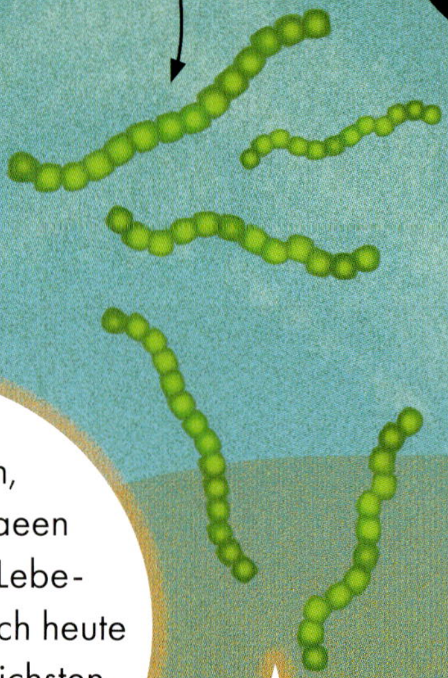

Die einfachen, einzelligen Archaeen waren die ersten Lebewesen. Sie leben noch heute in den unterschiedlichsten Umgebungen überall auf der Erde.

Cyanobakterien waren die ersten Lebewesen, die Photosynthese betrieben. Sie veränderten damit den Planeten. Sie füllten Wasser und Luft mit Sauerstoff und verursachten das erste Massenaussterben.

GROSSE SAUERSTOFF-KATASTROPHE

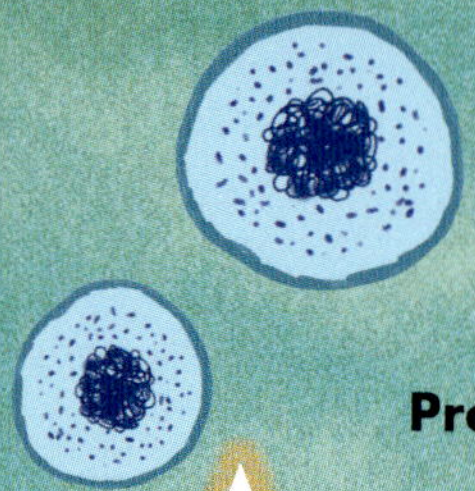

Prokaryoten

Bakterien sind Prokaryoten. Sie haben eine einzige, einfache Zelle. Auf der Erde existieren mehr Bakterien als andere Lebewesen.

Eukaryoten

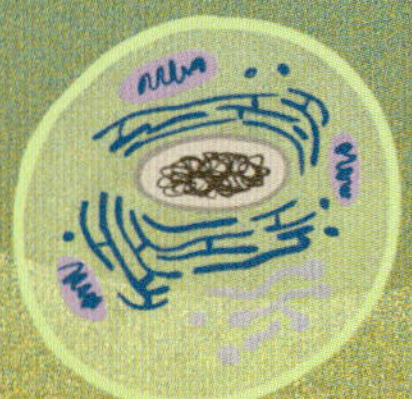

Alle Pflanzen und Tiere zählen zu den Eukaryoten. Die Entstehung dieser komplizierter aufgebauten Zellen war vielleicht der größte evolutionäre Fortschritt aller Zeiten. Die ersten Eukaryoten waren Einzeller.

***Bangiomorpha*, vor 1200 Mio. Jahren**

Bangiomorpha war der erste mehrzellige Organismus und der erste, der sich geschlechtlich fortpflanzte: Damit *Bangiomorpha*-Nachwuchs entstand, mussten zwei Elternteile zusammenkommen.

VOR 4 MRD. JAHREN →

← VOR 3,5–2 MRD. JAHREN →

← VOR 2 MRD. JAHREN →

← VOR 1200 MIO. JAHREN →

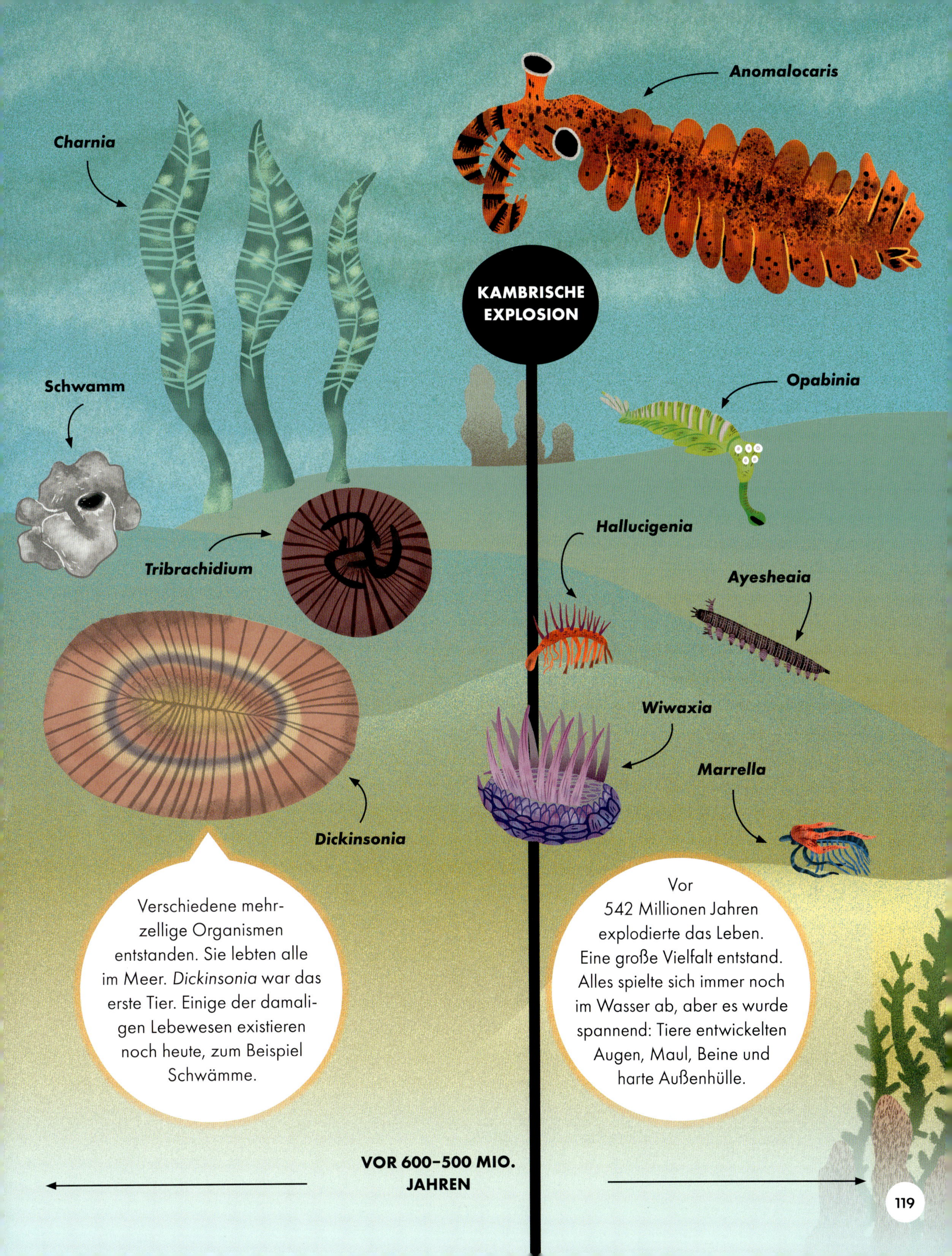

Verschiedene mehrzellige Organismen entstanden. Sie lebten alle im Meer. *Dickinsonia* war das erste Tier. Einige der damaligen Lebewesen existieren noch heute, zum Beispiel Schwämme.

Vor 542 Millionen Jahren explodierte das Leben. Eine große Vielfalt entstand. Alles spielte sich immer noch im Wasser ab, aber es wurde spannend: Tiere entwickelten Augen, Maul, Beine und harte Außenhülle.

VOR 600–500 MIO. JAHREN

Prototaxites
Baragwanathia
Die ersten Landpflanzen waren klein und einfach. Ihre Wurzeln reichten nicht tief.
Farn
Cooksonia
Tiktaalik
Seeskorpion
Gliederfüßer sind Tiere mit einem gegliederten Körper und fester Außenhülle. Noch heute leben viele Arten im Meer, darunter Krebse, Hummer und Krabben.
Die „Landfische" krabbelten vor 380 Millionen Jahren aus dem Wasser an Land und begannen Luft zu atmen. Aus ihnen entwickelten sich die ersten Amphibien.
Ammonit
Trilobit
Dunkleosteus
Die ersten Fische entstanden vor etwa 525 Millionen Jahren. Anfangs waren sie noch kieferlos – auch Zenaspis, der vor 400 Millionen Jahren lebte.
Drepanaspis
Zenaspis
Fische mit Kiefern und Knochenpanzern waren vor 380 Millionen Jahren Spitzenprädatoren im Meer.
VOR 500–400 MIO. JAHREN
VOR 400–350 MIO. JAHREN

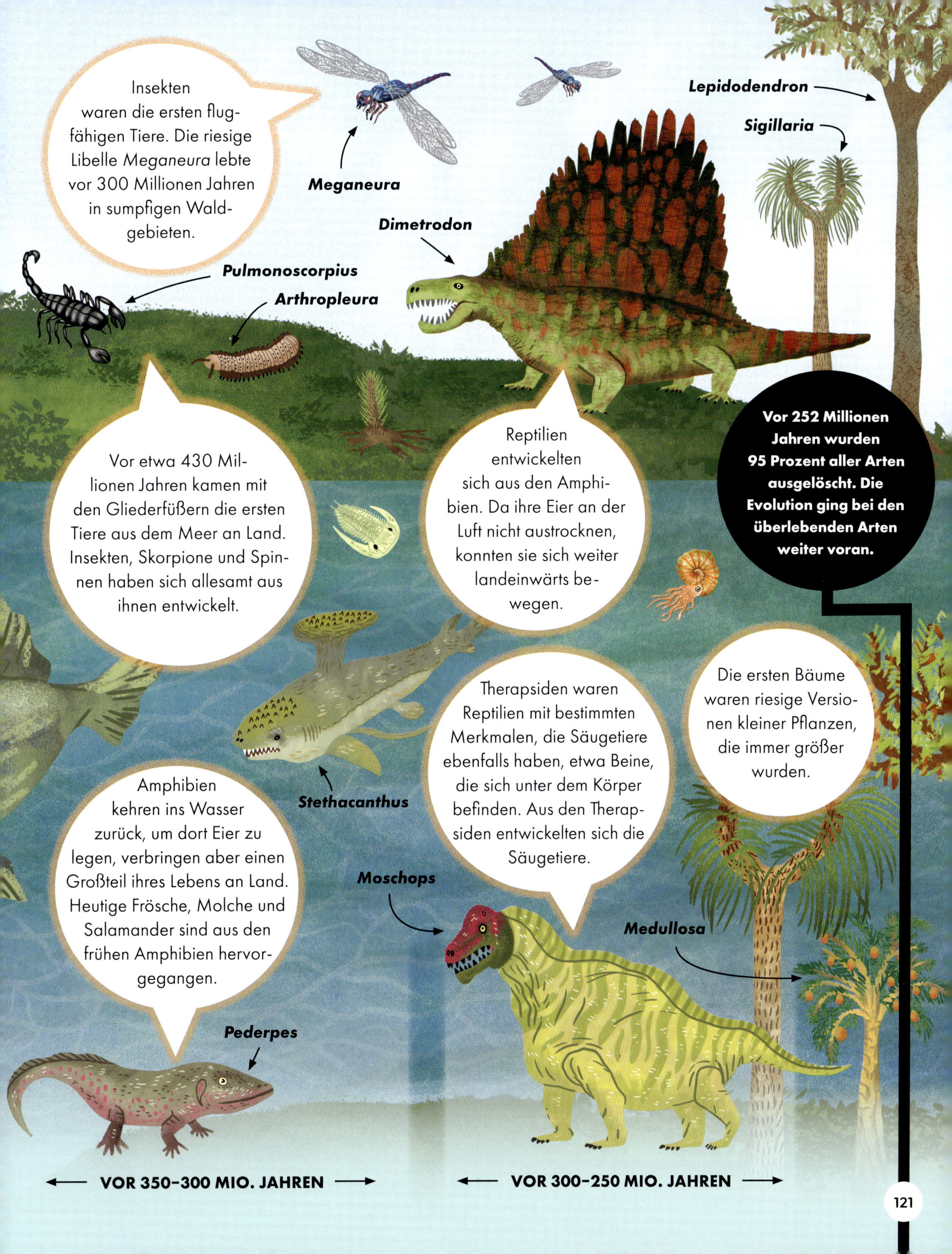
Insekten waren die ersten flugfähigen Tiere. Die riesige Libelle *Meganeura* lebte vor 300 Millionen Jahren in sumpfigen Waldgebieten.
Meganeura
Lepidodendron
Sigillaria
Dimetrodon
Pulmonoscorpius
Arthropleura
Vor etwa 430 Millionen Jahren kamen mit den Gliederfüßern die ersten Tiere aus dem Meer an Land. Insekten, Skorpione und Spinnen haben sich allesamt aus ihnen entwickelt.
Reptilien entwickelten sich aus den Amphibien. Da ihre Eier an der Luft nicht austrocknen, konnten sie sich weiter landeinwärts bewegen.
Vor 252 Millionen Jahren wurden 95 Prozent aller Arten ausgelöscht. Die Evolution ging bei den überlebenden Arten weiter voran.
Die ersten Bäume waren riesige Versionen kleiner Pflanzen, die immer größer wurden.
Therapsiden waren Reptilien mit bestimmten Merkmalen, die Säugetiere ebenfalls haben, etwa Beine, die sich unter dem Körper befinden. Aus den Therapsiden entwickelten sich die Säugetiere.
Stethacanthus
Amphibien kehren ins Wasser zurück, um dort Eier zu legen, verbringen aber einen Großteil ihres Lebens an Land. Heutige Frösche, Molche und Salamander sind aus den frühen Amphibien hervorgegangen.
Moschops
Medullosa
Pederpes
VOR 350–300 MIO. JAHREN
VOR 300–250 MIO. JAHREN

Aus überlebenden Arten an Land und im Wasser bildeten sich neue Pflanzen und Tiere, die die Erde bevölkerten.

Die überlebenden Arten des Massenaussterbens breiteten sich aus. *Lystrosaurus* war ein besonders erfolgreiches Tier.

Flugsaurier gingen vor 220 Millionen Jahren aus den landbewohnenden Reptilien hervor.

Landschaft und Klima veränderten sich. Dinosaurier profitierten davon. Verschiedene Arten entstanden: große, kleine, pflanzen- und fleischfressende. Für mehr als 150 Millionen Jahre beherrschten sie das Land.

Aus den Archosauriern gingen später Dinosaurier, krokodilartige Tiere und Vögel hervor.

Die ersten Dinosaurier entwickelten sich aus früheren Reptilien. Sie waren klein und wendig und besetzten die freien Nischen der Natur.

Die ersten Säugetiere waren klein. Sie lebten auf Bäumen und in Erdhöhlen, wo sie vor Prädatoren sicher waren.

Manche Reptilien kehrten ins Wasser zurück. Sie mussten zwar nach wie vor Luft atmen, aber ihre Körper passten sich ans Schwimmen an.

Manche Meeresreptilien ähnelten Fischen, ihre Gliedmaßen sahen aus wie Flossen.

← **VOR 250–200 MIO. JAHREN** →

← **VOR 200–150 MIO. JAHREN** →

Viele Dinosaurier hatten Federn, einige begannen vor 150 Millionen Jahren zu fliegen. Aus ihnen gingen die Vögel hervor.

Vor 66 Millionen Jahren veränderte ein Massenaussterben wieder die Erde. Es wurde wahrscheinlich von einem Meteoriteneinschlag ausgelöst. Außer den Vorfahren der Vögel starben alle Dinosaurier aus und machten Platz für Säugetiere.

Blütenpflanzen entstanden, bald darauf auch Früchte. Insekten, die Blüten bestäuben, entwickelten sich gemeinsam mit den Blumen.

Reptilien kehrten mehr als ein Mal ins Meer zurück. *Mosasaurus* ging aus späteren Reptilien hervor, die wieder das Wasser als Lebensraum aufsuchten.

Einige Gräser wuchsen bereits vor über 66 Millionen Jahren. Doch ausbreiten konnten sie sich erst, als sich das Klima abkühlte. Große Graslandgebiete entstanden und grasfressende Tiere entwickelten sich weiter.
Gastornis
Paraceratherium
Ohne die Konkurrenz durch die Dinosaurier wurden Säugetiere größer und eroberten viele Lebensräume. Sie ernährten sich von Pflanzen und anderen Tieren.
Smilodectes
Einige Vögel verloren die Fähigkeit zu fliegen. Große, kampfeswütige Vögel zählten eine Zeitlang zu den Spitzenprädatoren. Sie waren aus den Theropoden hervorgegangen. Einige heutige Vögel, darunter Strauße und Pinguine, sind ebenfalls flugunfähig.
Die Vorfahren der Affen und Menschenaffen waren Halbaffen, die vor 50 Millionen Jahren auf Bäumen herumkletterten.
Manche Säugetiere entdeckten für sich das Wasser als Lebensraum. Aus ihren Gliedmaßen bildeten sich Flossen. Manche Arten leben heute noch im Meer, etwa Wale und Robben. Sie atmen Luft und gebären lebende Junge.
Dorudon
Hai
← VOR 65–40 MIO. JAHREN →
← VOR 40–20 MIO. JAHREN →

Argentavis
Manche Säugetiere wuchsen – wie vor ihnen die Dinosaurier – zu einer enormen Größe heran. Mit einer Flügelspannweite von 6 m war *Argentavis* der größte Vogel aller Zeiten.
Hellroter Ara
Blauer Morphofalter
Honigbiene
Wollhaarmammut
Pferd
Mensch
Menschen haben das Aussterben anderer Arten auf unterschiedliche Weise verursacht: durch Jagd, Eingriffe in die Landwirtschaft und Industrialisierung.
Menschen sind die ersten Organismen, die komplexe Technologien, gesellschaftliche Strukturen und Sprachen entwickelt haben.
Sahelanthropus
Blauwal
Unsere evolutionären Vorfahren waren Menschenaffen. Aus einer Linie, die sich vor 7 Millionen Jahren abspaltete, entstand der Mensch.
Die Evolution ist noch nicht beendet. Organismen werden sich weiter verändern und anpassen. Heute stehen sie vor neuen Herausforderungen, weil der Mensch die Welt verändert. In der Wissenschaft gehen manche davon aus, dass bereits ein neues Massenaussterben begonnen hat. Die Folgen sind noch nicht abzusehen.
Mantarochen
VOR 20–1 MIO. JAHRE
VOR 1 MIO. JAHRE–HEUTE

GLOSSAR

Aasfresser – Tier, das sich vor allem von toten Tieren ernährt

Algen – Wasserpflanzen

Amphibie – Tier, das während des Ei- und Jungstadiums im Wasser lebt, aber im Erwachsenenstadium Luft atmet

Äquator – Gedachte Linie rund um die Erde, in der Mitte zwischen Nord- und Südpol

Archaeen – Einfache einzellige Organismen

Archosaurier – Gruppe früher Reptilien, zu denen die Vorfahren von Krokodilen, Vögeln und Dinosauriern gehörten

Atmosphäre – Gasschicht rund um einen Planeten (etwa die Luft um die Erde)

Atom – Kleinstes Teilchen der Materie

Ausgestorben – Für immer von der Erde verschwunden

Außenskelett – Stabile äußere Hülle eines Tiers

Beuteltier – Säugetier, dessen Junge bei der Geburt noch nicht vollständig entwickelt sind und die dann im Beutel der Mutter heranwachsen

Chromosom – Langes DNA-Molekül, das in Gene unterteilt ist, welche die Erbinformationen enthalten

Cyanobakterien – Einfache Bakterien, die Photosynthese betreiben können

DNA – Fadenförmige Molekülstruktur, die genetische Informationen enthält

Domestizieren – Tiere und Pflanzen zu Haustieren und Nutzpflanzen heranzüchten. Hunde und Pferde wurden domestiziert.

Erderwärmung – Steigende Durchschnittstemperatur auf der Erde über einen Zeitraum von mehreren Jahren

Eukaryotische Zelle – Komplexe Zelle mit Kern und zusätzlichen Strukturen, den sogenannten Organellen, die bestimmte Aufgaben übernehmen

Evolution – Prozess, durch den sich Organismen im Laufe der Zeit verändern und sich an ihre Umwelt anpassen

Flächenbrand – Feuer, das sich über ein größeres Gebiet hinweg ausbreitet

Flechte – Pilz und Alge oder Cyanobakterie, die wie ein einziger Organismus zusammenleben

Fleischflosser – Knochenfische mit fleischigen Flossen, Vorfahren der Landwirbeltiere.

Fossil – Versteinerte Überreste oder Spuren eines Organismus

Gemeinsamer Vorfahr – Organismus, von dem mehrere unterschiedliche Organismen abstammen

Gen – Abschnitt des DNA-Moleküls, das den Code zur Ausführung eines vererbten Merkmals (wie gelber Schnabel oder spitze Ohren) enthält

Gendrift – Bestimmte genetische Merkmale eines Organismus treten zufällig, zum Beispiel durch äußere Einflüsse, häufiger auf als andere und verändern mit der Zeit den Organismus.

Generation – Reihe im Stammbaum. Du gehörst zu einer Generation, deine Eltern zur vorhergehenden, deine Großeltern wiederum zur Generation vor der deiner Eltern.

Genetisch – Die Vererbung von Merkmalen betreffend

Geschlechtliche Fortpflanzung – Reproduktionsform, bei der genetische Informationen von zwei Elternteilen dazu beitragen, dass ein neuer Organismus mit einer Mischung aus den Merkmalen beider Teile entsteht

Gliederfüßer – Tier mit einem harten, gegliederten Außenskelett. Krebse, Spinnen, Insekten und Tausendfüßer sind Gliederfüßer.

Kern – Zentraler Teil einer Zelle, in dem die genetischen Informationen gespeichert sind

Kieme – Atemorgan von Fischen oder Weichtieren, das Sauerstoff aus dem Wasser löst

Klima – Allgemeine Wettermuster wie die Durchschnittstemperatur über einen Zeitraum von mehreren Jahren

Knorpel – Festes Material, das Körperteile stützt, aber weniger hart als Knochen. Deine Ohren sind aus Knorpel.

Kontinent – Erdteil

Konvergente Evolution – Herausbildung ähnlicher Merkmale bei Organismen, die sich unabhängig voneinander entwickelt haben. Flossen sind sowohl bei Fischen als auch bei Meeressäugetieren entstanden.

Krokodilartige – Tiere mit krokodilähnlichen Merkmalen

Landfisch – Tier in einem evolutionären Stadium zwischen Fisch und landbewohnendem Tier mit Beinen

Larve, Larvenstadium – Unreifes (frühes) Stadium in der Entwicklung eines Tieres, in dem sein Körperbau noch nicht dem Erwachsenenstadium entspricht. Raupen und Kaulquappen sind Larven.

Massenaussterben – Zeitabschnitt, in dem eine große Anzahl von Arten ausstirbt

Membran – Dünne, flexible Zellschicht, die als Barriere oder Begrenzung dient

Meteorit – Festkörper aus dem All, der auf der Erde landet

Mikrobe – Winziger Organismus (Mikroorganismus), den man nur durchs Mikroskop sehen kann

Molekül – Gruppe von mehreren zusammenhängenden Atomen

Mutation – Fehler bei der Weitergabe von genetischen Informationen, durch den sich ein Organismus von beiden Elternteilen unterscheidet

Nagetier – Tier wie Ratte, Maus oder Eichhörnchen mit scharfen Nagezähnen, die ein Leben lang nachwachsen

Organismus – Lebewesen

Ornithischia – Gruppe von Dinosauriern, deren Becken wie das eines Vogels geformt war. Sie ernährten sich von Pflanzen, viele hatten ein schnabelförmiges Maul. *Triceratops* und *Stegosaurus* zählten zu den Ornithischia.

Photosynthese – Nutzung von Sonnenenergie, um Wasser und Kohlendioxid in Traubenzucker (Glukose) zu verwandeln. Dabei entsteht auch Sauerstoff.

Prädator – Tier, das auf andere Tiere Jagd macht, um sie zu fressen

Primaten – Säugetiergruppe, die Affen, Menschenaffen und Menschen umfasst

Prokaryotische Zelle – Einfache Zelle ohne Kern oder andere Strukturen

Reproduktion – Fortpflanzung

Reptil – Tier, das an Land Eier legt, aus dem Junge schlüpfen. Die meisten Reptilien sind wechselwarme Tiere.

Ruß – Winzige schwarze Rauchpartikel, die beim Verbrennen eines Stoffes entstehen

Säugetier – Warmblütiges Tier mit Fell, das lebende Junge zur Welt bringt

Sauropoden – Gruppe von Dinosauriern, die sich in der Regel auf allen Vieren fortbewegten und einen langen Hals und Schwanz hatten. *Diplodocus* war ein Sauropode.

Schnauze – Die hervorstehende Nasen- und Maulpartie eines Tieres. Hunde haben eine Schnauze.

Sediment – Schlamm, Sand und Pflanzenmaterial, das sich am Grund eines Gewässers absetzt

Spermium – Keimzelle, die vom männlichen Organismus produziert wird und bei der geschlechtlichen Fortpflanzung mit der Eizelle des weiblichen Organismus verschmilzt

Spezies – Art. Der Bengalische Tiger und die Schneeeule sind Beispiele für einzelne Tierarten.

Strahlung – Energie, die sich in Wellen fortbewegt

Stromlinienförmig – Glatte Körperform, die sich leicht durch das Wasser oder die Luft bewegt

Synapsiden – Gruppe von Tieren, darunter Säugetiere und einige frühe Reptilien, mit einer bestimmten Schädelform (hinter der Augenhöhle befindet sich ein Loch)

Theropoden – Gruppe von Dinosauriern mit kräftigen Hinterbeinen, die in der Regel aufrecht liefen und Fleischfresser waren. *Tyrannosaurus rex* zählte zu den Theropoden.

Umwelt – Umgebung eines Organismus und die Bedingungen, unter denen er lebt

Ungeschlechtliche Fortpflanzung – Reproduktionsform, bei der eine exakte Kopie eines einzelnen Elternorganismus entsteht

Unterholz – Niedrig wachsende Pflanzen im Wald

Vegetation – Pflanzenbewuchs

Vererben – Merkmale an Nachkommen weitergeben

Vorfahr – Individuum, das im Stammbaum eines Lebewesens einer früheren Generation angehört. Deine Urgroßeltern zählen zu deinen Vorfahren.

Vulkan – Öffnung in der Erdoberfläche, durch die heißes, geschmolzenes Gestein austreten kann

Wechselwarm – Tiere, die ihre Körpertemperatur nicht selbst regulieren können, sondern von der Umgebungstemperatur abhängig sind

Zelle – Der kleinste Baustein jedes Lebewesens. Alle Organismen bestehen aus mindestens einer Zelle.

REGISTER